KB116273

알기 쉬운 연극치료 시리즈 2

연극치료, 연극의 뿌리를 찾아서

이선형 저

학지사

시리즈 발간사

2005년 연극이 치유 기능을 가지고 있다는 믿음을 확산하기 위하여 문화체육관광부 산하 사단법인 연극치료협회가 창립되었습니다. 이후 활발하게 활동한 이래 임상과 연구 두 분야에 걸쳐 지식과 실력을 갖춘 전문가들이 양성되었고, 이들을 주축으로 한국 연극치료학 연구의 심화가 이루어졌습니다. 그 결과, 한국연극예술치료학회지는 그 알찬 내용을 인정받아 한국연구재단 등재지로서의 위상을 확립하였습니다. 특히 자랑스러운 것은 이 모든 발전이 우리 문화와 전통을 바탕으로 이루어졌다는 사실입니다. 이제 우리의 토양 위에서 이루어진 연극치료 이론이 세계를 향해 나아갈 준비가 되었습니다.

이 시리즈는 그 첫 결실로, 연극치료를 통하여 우리 사회의 건강과 행복을 도모하고자 기획한 것입니다. 각 저자는 연극치료와 관련된 여러 분야의 전문가로서, 스스로 경험한 내용을 독자들이 쉽고 편하게 읽고 이해하여 일상에 접목할 수 있도록 하였습니다.

이 시리즈의 출판을 흔쾌히 맡아 주신 학지사 김진환 사장님께 감사드립니다. 처음부터 연극치료에 지대한 관심을 가지고 아낌없이 지원해 주신 덕분에 연극치료가 이만큼 성장할 수 있었습니다.

앞으로도 계속 연극치료 연구와 실제 활동 내용을 발표하면서 독자 여러분과 만날 것을 약속드립니다.

한국연극예술치료학회

박미리

머리말

제2차 세계대전 당시 아우슈비츠 수용소에 갇힌 유대인들은 언제 죽을지 모르는 극한의 공포 상황에서도 이따금 노래, 춤, 시 낭송, 풍자극을 펼쳤습니다. 그곳에서 끝까지 살아남아 의미치료(logotheraphy)를 창시한『죽음의 수용소에서(Man's search for Meaning)』의 저자 빅토르 프랭클(Victor Frankl)은 이렇게 말합니다. "이 모든 것이 현실을 잊어버리기 위한 것이었으며 또 잊게 해 주었다. 그 모임의 효과가 얼마나 컸던지, 일반 죄수들은 거기에 가면 하루치의 배급을 못 받게 되는데도 피곤한 몸을 이끌고 쇼를 보러 가는 사람들이 몇 명씩은 꼭 있을 정도였다." 수용자들은 생존의 가장 기본적인 음식마저 포기하면서 예술 행위에 참여했습니다. 이를 보면 예술은 인간에게 결코 잉여 행위가 아닙니다. 예술 행위는 맛있는 음식이나 안락한 침대가 줄 수 없는 정신적 위안을 줍니다. 종합예술인 연극 또한 이러한 예술의 위로와 치료의 특징이 있습니다.

'연극은 시대의 정신이다.' 서울 대학로에 붙어 있는 문구입니다. 연극은 시대를 고스란히 반영하고 시대의 정신은 곧 연극 전반에 영향을 미칩니다. 시대와 연극은 떼려야 뗄 수 없습니다. 시대는 인간에 의해 직조됩니다. 인간은 시대를 만들고 시대는 인간에게 영향을 끼칩니다. 이렇게 서로는 핑퐁처럼 주고받습니다. 현대에는 어떠할까요? 오늘날 우리는 고도화된 과학기술 문명과 다양한 이데올로기의 변주 속에서 살아갑니다. 비교와 경쟁의 긴장 속에서 현대인은 피곤하고 우울하고 소외된 삶을 살아갑니다. 연극은 이러한 인간의 군상을 그려 냅니다. 연극은 한 걸음 더 나아가 이들을 치료하려는 의도를 지니게 되었는데, 이것이 바로 연극치료입니다. 연극치료는 인간은 드라마를 만들어 내고 드라마는 인간을 변화시킨다는 기본을 바탕으로 합니다. 연극치료는 우격다짐으로 생겨난 것이 아니라 사회적 요구로 자연스럽게 발생했습니다.

연극치료의 근간은 연극입니다. 연극치료에 접근하기 위해서는 연극을 잘 알아야 합니다. 연극치료를 이해하려는 방편으로 연극의 기본을 통해 접근하려는 이유입니다. 인류와 더불어 생겨나 언제나 함께해 온 연극, 종합예술인 연극을 이해하는 길은 멀고 험합니다. 더구나 언어와 몸짓을 아우르는 연극은 시대와 더불어 숨 쉬는 예술인 까닭에 그 양상이 변화무쌍합니다. 그렇다면 연극과 연극치료 사이의 보이지 않는 경계를 좀 더 쉽게 넘나들 방안은 없을까요? 이러한 고민의 결과가 바로 이 책입니다. 이 책은 연극의 기원, 연극의 4요소 등을 기반으로 연극치료의 영토를 찾아가려는 시도입니다. 어려움에 부닥치게 되면 기본부터 시작하는 것이 상책입니다. 연극치료사가 연극의 기본적인 특성을 잘 이해하면 더욱 훌륭한 치료사가 될 수 있고, 연극을 전공하거나 직업으로 삼는 사람이 연극의 본질인 치료적 성격을 잘 이해하면 연극 작업이 더욱 행복할 것입니다. 이 책이 연극과 연극치료 사이를 오가는 소통의 다리가 되었으면 합니다.

저자 이선형

차례

제3장 연극과 연극치료 만나기 · 89

제4장 연극치료 경험하기 · 205

제1장

연극과 연극치료 이해하기

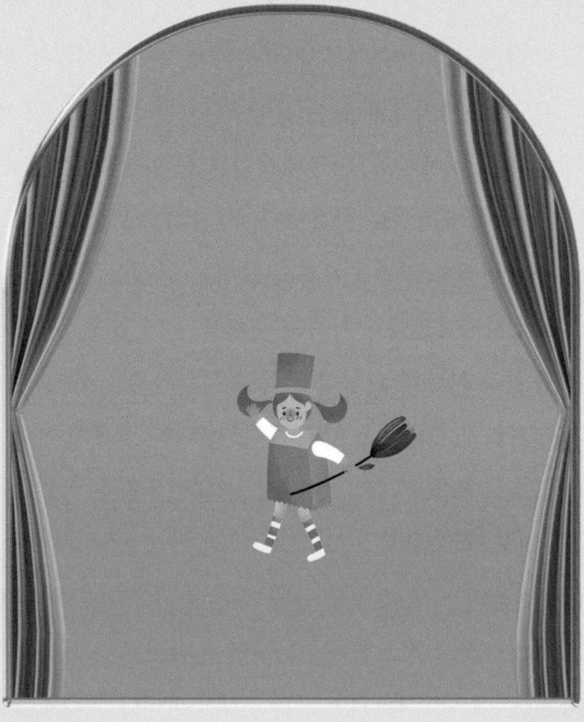

1 연극은 치료다

현대에 들어서 치료라는 말을 덧붙이는 것이 유행처럼 번지고 있다. 미술치료, 음악치료, 무용동작치료, 영화치료, 연극치료 등으로 대변되는 예술치료가 그것이고, 문학치료, 이야기치료, 시치료, 글쓰기치료와 같은 문학 관련 치료가 있는가 하면, 향치료, 차치료, 원예치료, 동물매개치료 등 일상과 관련된 치료도 있다. 여기에 매스컴도 한몫했다. 가령, TV 프로그램에서 문제의 가족을 대상으로 전문가와 치료하는 과정을 여과 없이 보여 줌으로써 시청자들에게 가족의 문제를 깊이 있게 생각하도록 한다. 요즘처럼 치료에 관심이 많았던 시대가 있을까 싶을 정도로 현대는 치료의 시대라고 할 만하다. 치열한 경쟁과 비교 속에서 엄청난 스트레스를 받고 살아가는 현대인은 근본적으로 치료가 필요한지도 모르겠다.

정신과 전문의는 하고 싶은 말을 하지 못하고 가슴에 담아 두는 것은 위험하다고 경고한다. 그 무엇을 밖으로 드러내지 못한 채 몸(마음) 안에 쌓아 둔다면, 그것은 대소변이나 쓰레기를 배출하지 못한 것처럼 몸(마음)에 부정적인 요소로 작용할 것이라고 경고한다. 소위 우울병이나 화병이 생길 수 있다는 것이다. 정신분석학에서 환자 치유의 첫 번째 조건은 환자의 무의식 속에 잠재해 있는 과거의 상처, 사라진 것이 아니라 은밀히 내재해 있는 과거의 상처를 밖으로 불러내는 것이라고 말한다. 밖으로 표출되었을 때 비로소 이를 없애 버릴 수 있는 것이다. 가슴 속 깊숙한 곳에 풀지 못한 응어리가 있다면 정신이나 신체 건강에 악영향을 끼친다. 정신분석학의 이론에 기반하지 않더라도 건강한 배출은 건강한 개인, 나아가 건강한 사회를 위해 꼭 필요하다. 심호흡을 통해 몸 안의 이산화탄소를 밖으로 배출하는 것부터 침 뱉기, 코 풀기, 눈물 흘리기, 나아가 대소변은 말할 것도 없고 수다 떨기도 넓은 의미의 배출이다. 요즘 관심의 대상인 명상, 요가, 필라테스 등은 건강한 배출이라는 개념이 바탕에 깔려 있다. 이러한 배출의 개념을 예술의 개념으로 승화시킨 것이 아리스토텔레스(Aristotle)의 카타르시스 개념이다. 비극을 관람하면서 관객은 공포와 연민의 감정을 느끼고, 이로부터 몸 안에 쌓여 있던 지저분한 감정을 깨끗하게 정화할 수 있다는 논리다.

인터넷과 매스컴의 발달로 상대적 박탈감이 커지고 있는 현대인에게 건강한 배출은 행복한 삶을 위해 너무나 중요한 것이 되어 버렸다. 급속히 변화하는 환경에서 젊은이들이 라이브 공연, 인터넷 게임, SNS 등에 열광하는 것은 배출구를 찾기 위한 수단이다. 노래방에서 목이 터지라고 노래를 부르는 것도 하나의 배출 방법이다. 배출은 스트레스를 푸는 것이라고 해도 좋다. 노래 부르기뿐 아니라 춤추기, 땀 흘리기, 소리 지르기 등은 배출을 통해 자신을 돌보는 치유 행위다. 땀을 뻘뻘 흘리며 힘겹게 올라간 산 정상에서 야호 하며 소리를 지르는 것은 배출의 관점에서 특효약이다. 예술치료를 예술표현심리치료라고 부르는 것은 예술을 매체로 한 표현을 통해 건강한 배출, 일회성이 아닌 진정한 배출을 통해 마음을 치료하겠다는 의미를 담고 있다.

그런데 무용동작치료, 요가, 명상처럼 직접 몸과 관련된 행위에 더해 이야기와 역할이 가미된 연극치료는 그 자체로 종합적이고 철학적인 배출의 의미가 있다. 예술 가운데 세상살이와 가장 닮은 것이 연극이다. 연극은 세상을 살아가는 인간이 전신을 비춰 볼 수 있는 커다란 거울이다. 비극의 주인공 햄릿(Hamlet)도 연극을 거울로 표현했다. 그는 이렇게 말했다.

> 연극의 목적은 자연(nature)에 거울을 비추는 것과 같은 일, 선은 선, 악은 악 그대로, 있는 그대로를 비춰 내어 시대의 모습을 고스란히 드러나게 하는 데 있어(Shakespeare, 2012: 3막 2장).

연극이라는 거울은 선과 악 같은 인간의 본성(nature)뿐 아니라 시대상을 고스란히 비춘다는 것이다. 꼭 햄릿의 이야기가 아니더라도 관객은 연극이라는 거울을 통해 세상을 읽고 인생을 경험하며 삶의 모델을 발견한다. 관객은 연극을 통해 자기를 비춰 보며 후회와 반성도 하고 변화의 의지를 새긴다. 드라마의 진정한 기운은 몸 안에 비어 있는 공간을 전제로 한다. 일상으로 꽉 차 있는 몸은 연극과 진정으로 만날 수 없다. 조금 전까지 인파로 붐비던 거리를 뒤로한 채 갑자기 극적 공간에 들어오면 몸은 새로운 기운을 받아 일상과 멀어진다. 그것은 몸 안에 공간을

고뇌하는 햄릿 셰익스피어 연극은 연극치료에서 커다란 관심을 갖고 있다. 〈햄릿〉 또한 가족연극치료 관점에서 해석할 수 있다.

만드는 행위이기도 하다. 이는 연극과 마주할 준비를 하는 것이며, 이런 준비가 잘 되어 있는 몸은 무대에서 벌어지는 극적 기운을 자연스레 몸으로 받아들이게 된다. 극과 만날 준비를 하면서 관객은 체내에 단단하게 쌓였던 찌꺼기가 동요하는 느낌을 받는다. 그 동요는 극이 진행되면서 지각 변동으로 활화산처럼 준동하고 새로운 자극인 감각의 깨어남으로 이어진다. 이렇듯 관객은 극적 공간에 존재하는 것만으로 정화 작업을 위한 준비가 시작된다. 연극 공간이 특별한 것은 이런 까닭이다. 일상과는 전혀 다른 호흡, 기운, 움직임을 느낄 수 있고, 현실에서는 불가능했던 자신을 기꺼이 맡길 준비가 되어 있다. 일반적으로 타인의 시선은 나를 불편하게 한다. 장 폴 사르트르(Jean Paul Sartre)가 타인은 지옥이라고 말한 것은 타인이 주체적 시선으로 나를 평가하고 판단한다고 생각하기 때문이다. 주체인 줄 알았던 내가 객체가 되어 버리기 때문이다. 그러나 연극 공간이라면 타인의 시선은 지옥이 아니다. 무대나 객석에서 자발적으로 흡입하는 시선의 화살은 따끔하기는 하지만 침을 맞은 것처럼 오히려 근육을 활성화하고 마음의 혈액순환을 원활하게 한다.

연극 공간은 자체적으로 정화의 장소다. 특별히 준비할 것도, 대비할 것도, 긴장할 것도 없다. 연극이라는 공간적 특성에 자발적으로 몸을 내맡기기만 하면 자기 안에 요지부동으로 쌓였던 곰팡이 낀 감정의 찌꺼기가 해체되기 시작한다. 연극 공간, 특히 무대는 현실에서는 만날 수 없는 신기한 장소다. 무대에서는 인물의 한마디로 순식간에 바다가 되고 산이 된다. 공간은 외형적으로 그대로이지만 어떤 장소도 가능하다. 객석의 관객도 무대의 메시지에 기꺼이 호응한다. 그들도 아름다운 해변에서 파란 수평선을 바라보기도 하고 상쾌한 공기를 마시며 숲속을 거닐기도 한다. 이것이 연극의 커다란 비밀이다. 처음에 연극 공간은 역할연기를 하는 자와 이를 바라보는 자로 구분되지만, 연극이 진행되면서 그들 사이의 단단했던 벽은 사라지고 완벽한 공모자가 된다. 배우가 객석을 바라보며 "바다를 보니 가슴이 탁 트이는군!"이라고 말하면 "왜 우리가 바다야!" 하고 토를 다는 관객은 없다. 모두 바다라고 인정한다. 만일 이의를 제기하는 관객이 한 명이라도 있다면 연극은 성립하지 않는다. 일정한 공간에서 자발적으로 의심을 거둔 상태에서 불신이 완전히 사라지는 현상은 흔한 것이 아니다. 아마 일상에서는 불가능할 것이다.

낯선 사람을 만날 때 처음부터 자발적으로 마음을 활짝 여는 사람은 없다. 일상에서 새로운 사람을 만나면 재어 보고 따져 보고 평가한다. 하지만 연극 공간에서 사람들은 전혀 다른 방식으로 만난다. 연극에서 창조성 이외에도 자발성이 중요한 것은 이런 까닭이다. 그곳에 존재하는 모든 사람의 완전한 공모, 이것이 연극의 가장 큰 특징이며, 이러한 공모의 분위기는 연극치료에서 소중한 치료적 요소가 된다. 연극이 끝난 뒤 온갖 감정에 휩싸이며 새롭게 태어나는 기분을 느끼는 것은 공연 내내 비밀스러운 공모에 기꺼이 참여한 까닭이다. 일상에서 제각기 다른 삶을 살던 사람들, 각자 개인적인 문제를 안고 있던 사람들이 순식간에 공모에 참여하는 연극적 현상은 기이하기까지 하다. 이런 점

무대와 객석 연극 무대와 객석은 한마디로 설명하기 어려운 다양한 의미를 지닌 상호적 공간이다.

에 주목할 때 연극은 현실 모방 또는 현실의 반영이 아닌 일상에서 경험할 수 없는 다른 세계이거나, 은유와 상징으로 무한히 확장된 세계이거나, 현실의 고통을 치료하는 치료적 장소가 된다.

연극을 매체로 참여자를 치료하는 연극치료가 의미 있는 것은 이 때문이다. 연극 세계의 특성을 이해하면 자연스럽게 연극치료를 이해할 수 있다. 연극치료를 언급할 때 당연히 연극이란 무엇인가 하고 물어야 한다. 인간의 신체적 · 심리적 · 정신적인 치료와 관련된 연극의 개념, 연극의 기원, 연극의 요소를 두루 살펴야 한다. 인류의 역사와 언제든지 함께 있어 온 연극은 종합예술로서 인류 의식(儀式)의 시원과 맞닿아 있다. 그런데 연극치료를 언급하면 많은 사람이 "이미 연극이 치료잖아요!"라고 말한다.

당연히 연극은 자체로 치료적이다. 그런데 "어떤 점에서 연극이 치료인가요?" 하고 물으면 대개는 "속이 후련해요." "주인공을 보면 꼭 나를 보는 것 같아요." "새로운 세상을 경험해서요."라고 대답한다. 어떤 경우에는 연극을 보고 나서 자기가 변했다고 말하는 사람도 있다. 연극을 보고 속이 후련한 것은 어떤 이유일까? 나를 돌아보고 새로운 세상을 경험하면 그것이 치료라는 말인가? 연극을 접하면 속이 풀리고 새로운 기운을 얻는 것 같기는 한데, 구체적으로 연극의 어떤 요소들이 작동해서인지 말하기는 쉽지 않다. 이 글은 이를 쉽게 이해하려는 목적에서 출발한다.

저자는 앞서 연극과 연극치료의 전문적 연관성과 상호 도움이 될 가능성에 대해 논문을 발표한 적이 있다(이선형, 2019). 연극치료의 주 매체는 연극이므로 연극을 잘 이해한다면 연극치료에 대해 더 깊이 이해할 수 있다는 것을 전제로 한 연구다. 연극치료사가 되기 위해서 연극을 전공할 필요는 없으나, 연극과 자주 접하고 연극의 이론과 실제의 메커니즘을 이해해야 한다. 연극과 연극치료는 태생과 성격상 밀접한 관계를 맺고 있지만, 현실적으로 두 영역 사이에는 상당한 틈이 존재한다. 연구 결과, 연극과 연극치료 사이의 협업이 가능한가라는 물음에서 연극인과 연극치료사는 당연히 그렇다는 인식을 하고 있었다. 앞서 언급한 것처럼 연극치료의 기반은 연극이다. 현재 세계적으로 활동하고 있는 연극치료 1세대는 대부분 연극인 출신이다.

연극치료는 유럽은 물론 북미의 대학에서 활발하게 연구되고 있으며, 우리나라도 상당한 수준에 있고, 병원에서의 임상 결과도 고무적이다. 예컨대, 2017년 한국연극예술치료학회 제11회 학술대회에서 부산에 소재한 '파크사이드 재활의학병원'의 박인선 원장은 「파크사이드재활의학병원에서의 연극치료」(2017)를 통해 재활병원에서의 연극치료 임상 효과를 발표한 적이 있다. 이러한 추세에 비추어 볼 때, 현재 한국 사회가 안고 있는 다양한 사회적 · 심리적 · 환경적 문제를 완화하고 삶의 질을 향상하기 위해 연극치료는 소중한 자산임이 분명하다. 더구나 공동체의식이 뿌리 깊은 한국 문화에서 연극의 집단성을 기반으로 한 연극치료는 더욱 효과적일 수 있다.

인류의 기원과 더불어 함께 있어 온 연극은 가장 인간다운 표현 형태다. 연극은 인간이 자연과 화합하고 소통한 결과다. 자연의 질서와 체계, 소리와 색에 온전한 인간성을 입힌 것이 연극이

연극은 가장 인간다운 표현예술이다.

다. 따라서 연극은 인간의 정신적 · 심리적 · 신체적 차원과 자연스럽게 만나게 되고, 연극 매체를 사용하여 자신의 내면을 자유롭게 표현한다는 것은 건강하다는 것을 의미한다. 이러한 연극의 특성이 가령 요즘 관심의 대상인 생활연극 등을 통해 일상과 만난다면 스트레스에 고통받는 현대인에게 커다란 위로의 장이 될 것이다.

2 생활연극으로서의 연극치료

윌리엄 셰익스피어(william Shakespeare)의 희극 〈뜻대로 하세요(As you like it)〉에는 세상 연극과 관련된 유명한 대사가 있다.

> "이 세상은 온통 하나의 무대이고 / 남녀 모두 한낱 배우일 뿐이지요 / 각자 무대에 등장하고 퇴장하면서 / 생전에 여러 가지 역을 맡지요 / 인생은 7막 극이니까요." (2막 7장)

세상은 무대이고, 인생은 7막이며, 인간은 무대에 등장하고 퇴장하는 배우로 살아가면서 다양한 역할을 맡는다는 이 대사는 세상 연극의 정수를 보여 준다. 인생이 7막이라는 것은 발달심리학을 연상시킨다. 10년을 1막으로 잡는다면, 7막은 70년 인생을 언급한 것이라고 할 수 있다. 삶의 연극성을 강조한 셰익스피어가 활동했던 런던에 위치한 셰익스피어 글로브 극장(Shaliespeare's Globe)의 입구에는 '온 세상이 무대'라는 의미의 라틴어 'Totus mundus agit histrionem'가 쓰여 있었다. 이렇듯 셰익스피어와 당시의 사상적 흐름에는 삶이 곧 연극이라는 생각이 강하게 자리하고 있었다.

그런데 연극치료에서 주목하는 연극론 중 하나는 우리가 살아

키케로는 로마의 위대한 웅변가이자 수사학의 혁신자로 알려져 있다. 그의 저술로 수사법 및 웅변에 관한 책, 철학과 정치에 관한 논문 및 편지 등이 있다. 철학사에서 키케로는 그리스 사상의 전달자로서 중요한 위치를 차지한다.

출처: 이성주(2019. 1. 3.).

가는 세상이 무대이고, 우리는 배우라는 세상 연극의 개념이다. 삶이 한 판의 연극이라는 세상 연극은 셰익스피어 시대 이전으로 훨씬 거슬러 올라간다. 로마의 철학자이자 작가였던 마르쿠스 툴리우스 키케로(Marcus Tullius Cicero)는 "연극은 인생의 모방이자, 관습의 거울이고, 진리의 반영"이라고 말하면서 연극을 인생과 대비시켰다. 삶을 모방하는 연극이 진리를 반영한다는 키케로의 언급은 연극치료 관점에서 흥미롭다. 키케로 이전에 피타고라스(Pythagoras)를 비롯한 고대 그리스 철학자나 작가에게서도 세상 연극의 개념을 찾아볼 수 있다. 세상 연극의 내용은 다음과 같이 요약할 수 있다.

첫째, 세계는 무대이며, 인간은 배우라는 의미다. 지금 현재를 살아가는 우리는 세계라는 무대에서 역할을 연기하는 배우라는 것이다. 삶은 각자의 이야기로 구성되며, 세계라는 무대에서 공연하는 연극인 것이다. 이는 개인은 사회 안에서 역할을 하며 살아가는 존재라는 사회심리학의 관점을 뒷받침한다.

둘째, 사회적 역할은 곧 페르소나(persona)의 의미와 연결된다. 우리는 사회생활을 하면서 상황과 관계에 따라 매번 표정이 달라진다. 삶에서 나타나는 다양한 표정은 다른 가면을 쓴 것이므로 세상이라는 무대에서 가면을 쓰고 연기하는 배우라고 할 수 있다.

셋째, 인생은 희극과 비극의 얼개로 짜여 있다는 뜻이다. 삶은 멀리서 보면 희극이고 가까이서 보면 비극이라는 찰리 채플린(Charlie Chaplin)의 유명한 말도 있거니와 삶은 희극과 비극의 혼용이다. 이러한 연극은 개인이 써 내려가는 대본에 따라 희극이나 비극 또는 희비극이 된다.

넷째, 인생이라는 무대의 배우인 인간은 신이 배정한 역할만을 행할 뿐, 그 역할을 불평할 수 없다는 의미가 들어 있다. 이는 중세의 신 중심 사상이 반영된 것으로, 인간은 신에 의해 주어진 운명적 존재라는 이념을 보여 준다.

다섯째, 따라서 인간은 오로지 자신의 역할을 효과적으로 수행하여 내적 자유를 유지하는 것에 관심을 가져야 한다는 것이다. 이는 인간이 타고난 운명을 새롭게 개척하기는 어려우며, 주어진 역할을 잘 수행하는 것이 최선의 삶이라는 고대 그리스 비극의 운명론과 맞닿아 있다.

여섯째, 무능한 배우에게서 흔히 일어나는 현상으로, 야망을 가진 인간은 자신의 능력에 맞지 않는 역할을 떠맡음으로써 그들의 실패가 더 우습게 여겨진다. 이 역시 동일한 맥락으로 분수에 맞게 살아야 한다는 점을 역설하고 있다(송원덕, 1993).

종합하면 세상 연극은 각자가 살아가는 이곳을 연극 무대로 간주한다는 의미에서 삶은 연극이며, 연극은 삶이라는 생각과 연계된다. 우리는 이러한 세상 연극을 삶으로의 연극, 즉 지금 이 순간을 살아가는 일상생활에서의 연극으로 확대하고자 하는 것이다. 이는 아파트 문화로 대변되는 개인주의 성향의 새로운 세대의 삶의 형태에 주목하여 그로부터 파생되는 병리적 현상을 생활연극을 통해 예방하고 치료하려는 의도에서 비롯된다.

사회주의 철학자 앙리 르페브르(Henri Lefebvre)는 현대사회를 진단하고, 현대인은 일상생활에서 소외되고 있다고 결론지었다. 그의 언급대로 현대인이 일상생활에서 소외되어 있다면 개인과 사회의 병리 현상도 증식될 것이다. 따라서 SNS와 떼려야 뗄 수 없는 현대인의 생활 방식에서 소외 및 정신병리적 현상을 예방하고 치유해야 할 당위성이 생겨난다. 이 점을 인식하고 삶의 새로운 방식에서 생겨나는 문제점을 극복하기 위해 일상생활과 직접 교류가 가능한 생활연극을 제시할 수 있다.

프랑스 철학자이자 사회학자인 앙리 르페브르(Henri Lefebvre)는 공간이야말로 지배와 저항, 억압과 혁명의 핵심 쟁점이라고 간주한다. 그의 저서 『공간의 생산』(양영란 역, 에코리브르, 2011)은 공간에 대한 사유를 집약하고 있는 대표적인 저서다.

출처: 임태훈(2013. 6. 7.).

인류의 기원과 함께해 온 연극은 이미 오래전부터 국가적 행사였다. 연극은 집단성을 기반으로 시민의식을 고취하고 연대감을 형성하기 위해 활용되었다. 집단예술인 연극은 개인과 집단에게 감정의 정화뿐 아니라 삶의 태도 변화를 위한 기회를 제공해 왔다. 연극은 이야기, 배우들의 몸과 다양한 무대 언어로 관객과 함께 호흡하고 소통하는 종합예술이다. 혼자만의 폐쇄적인 작업이 아니라 타인과 관계를 형성하고 나눔의 장을 마련할 때 비로소 성립되는 예술인 것이다.

연극은 자체적으로 대중성을 지니고 있지만, 대중의 이름으로 개인의 얼굴을 말살하지 않는다. 개인은 연극의 집단적 어울림을 통해 자신의 고유한 정체성을 찾고, 소외감을 해소하며, 관계 속에 함몰되었던 자기를 재발견한다. 자기 발견과 소통의 예술인 연극은 개인의 개성을 강화하는 동시에 타인과의 연대감 형성에 단단한 토대를 제공하여 개인을 탈소외와 화합의 장으로 이끈다. 그러므로 연극의 특성에 기반한 치유성을 파악하고 이를 구체적으로 활용한 연극론을 연구하여 일상생활에 적용할 수 있다면, 소외, 우울, 스트레스에 시달리는 현대인의 삶의 질 향상에 유용할 것이다. 이러한 개념의 생활연극은 가족, 학교, 직장 등에서 접근 가능한 연극적 환경을 바탕으로 개인의 심리적 만족감과 공동체 유대감의 확산이라는 긍정적 결과를 도출할 수 있다. 또한 생활연극은 지나친 개인주의와 자본주의에 물들어 있는 현대인, 이미지로 치장된 광고, 예의가 사라진 SNS 등 과장된 소통 수단들로 인해 피로감에 빠져 있고 열등의식이 팽배한 현대인에게 삶의 만족감을 일궈 내며 집단의식을 형성하도록 하는 일종의 치료적 연극으로 나아갈 수 있다.

생활연극에 대해 다음의 문제를 제기할 수 있다. 첫째, 이 시대에 생활연극을 언급해야 하는 이유는 무엇인가라는 물음이다. 현대사회의 키워드로 개인, 표현, 관계, 디지털, 갈등, 분열, 분노, 분리, 따돌림, 피로, 황금만능, 소외 등을 언급할 수 있다. 이 중 부정적 요소에 초점을 두고 생활연극을 통해 이를 보완하거나 해결 방안을 모색할 수 있다. 둘째, 생활연극은 어떠한 형태의 연극인가라는 물음이다. 생활연극의 기본 개념은 르페브르가 언급했던 것처럼, 일상생활에서의 탈소외를 위한 축제나 놀이 성격의 연극, 즉 일상과 생활, 삶 속의 연극 형태를 제시할 수 있다. 생활연극에서 치료적 성격의 연극 형태인 놀이나 축제를 디지털 시대의 특징과 연계할 수 있다면 더할 나위 없을 것이다.

본래 치료 기능이 있는 연극에서 관객이 연극의 주제와 자신의 현실문제가 우연히 만나는 경험을 한다면 연극의 치료 기능은 더욱 확대될 것이다. 무대가 자기를 온전히 비추는 거울로 작용하면서 관객은 자기를 직면하게 되고, 그로부터 동일시, 투사, 감정의 정화, 통합을 느낄 수 있다. 하지만 스트레스가 만연해 있는 현대사회에서 연극의 자연적 치료성은 한계가 있다. 연극의 자연적 치료성에서 나아가 연극치료 개념이 개입된 보다 적극적으로 생활연극을 개진하여 탈소외의 능동적 치유를 위해 노력해야 한다. 자신의 삶에 불만이 있는 사람이 있다면 생활연극을 통해 일상을 전적으로 재구성할 수 있다. 이는 병의 근원인 몸을 재구성하는 것이기도 하다. 예를 들어, 청소년은 몸이 폭풍 성장하는 시기임에도 학업에 짓눌려 몸과 감각이 심히 억제되어 있다. 자유로운 움직임이 아닌 전적인 통제와 학업 스트레스로 몸이 일상생활로부터 소외되어 있다. 따라서 경직된 감각과 몸을 풀어 주고, 자발적 관계 형성과 긍정적 인간성의 회복 같은 신체적 · 감각적 · 심리적 · 정서적 · 사회적 치유를 위한 연극놀이, 나아가 놀이적 축제 성격의 생활연극, 궁극적으로 연극치료의 이념에 기반한 생활연극을 제안할 수 있다. 그것은 순서와 형식이 배제되고 자유로운 장소에서 모두가 참여 가능한 축제, 질서보다는 무질서의 놀이, 본능에 충실한 축제나 연극놀

생활연극 생활연극은 일상생활에서 함께 놀며 즐기는 가운데 자연스럽게 이루어지는 연극이다.

이가 될 것이다. 무질서 또는 본능의 강조는 제의나 카니발 또는 디오니소스 축제를 연상할 수 있지만, 한 걸음 더 나아가 청소년들이 관심을 가질 만한 디지털 매체와도 훌륭하게 접목할 수 있다.

삶의 기본이 되는 일상은 가장 소중한 것이지만 일상생활을 지루한 반복이라고 인식하는 수준에 머문다면 삶은 소외되어 있다고 할 수 있다. 기계의 첨단화, 자본화, 개인화가 심화될수록 현대인이 일상에서 소외되는 현상은 가속화되고 있다. 특히 오늘날 한국 사회는 빈부 격차, 이데올로기와 지역 갈등 등 팽배해진 이분법 속에서 힘이 강한 쪽에 속하지 못하면 실패자라는 낙인이 찍히는 현상이 두드러진다. 이는 한국 사회 전반에 걸친 위험한 상황으로, 예술 분야도 예외가 아니다. 자본에 예속된 예술은 특수층의 전유물이 되어 버렸고, 고유의 의미를 상실한 채 일상의 뒷전으로 밀려났다. 자본화된 예술은 대중과 분리되었을 뿐 아니라 스스로에게도 유리되었다.

예술의 소외 현상은 우울과 메마른 정서, 소통 부재의 개인화를 더욱 부채질하면서 일상의 의의와 가치마저 손상시킬 우려가 있다. 따라서 일상과 예술의 결합, 즉 예술의 생활화는 건강한 개인과 사회를 위해 꼭 필요하다. 예술은 은유와 상징의 커다란 힘이 있다. 예컨대, 한 장의 사진이나 그림, 음악은 폭포처럼 쏟아내는 말보다도 더 많은 의미를 전달한다. 한 편의 연극이나 영화는 인생을 바꾸고 세상도 변화시킨다. 창조적 예술을 박물관의 전시용이 아닌 일상과의 만남을 적극적으로 주선한다면 삶의 가치를 재생산하고 개인도 소외에서 탈피할 수 있을 것이다. 상징과 은유적 표현의 보고인 예술과의 직접 만남에서 일상이 풍요로워진다면 개인은 더욱 자유로워지고 행복한 삶을 영위할 수 있을 것이다.

1) 연극을 일상과 접목하기

오늘날 연극은 일반인이 접근하기가 어렵다. 현재 연극의 관객은 특별한 성격의 사람들이다. 한국인 가운데 공연장 경험이 있는 사람은 극소수다. 관객이 공연장에 들어섰다고 해도 무대로부터 소외된 존재로 머문다. 공연장 안으로 들어서는 관객은 티켓을 건네는 대신 주체성을 반납한다. 수동적 상태로 객석에 종속된 관객은 연극 무대로부터 철저하게 배제된다. 원래 연극은 일상에서 호흡하는 삶의 예술이었다. 제의식과 분별하기가 어려운 원시 연극은 삶 자체의 한 형태였다. 연극이 삶과 밀접한 시기는 공동체의 의미가 활짝 꽃피던 시대였다. 흥미로운 것은 연극이 삶과 멀어질수록 불통과 개인화가 강화된다는 점이다. 따라서 연극을 다시금 일상의 곁으로 들여올 수 있다면 과거의 공동체의식을 되살릴 수 있고, 개인화에서 비롯된 우울과 피로의 사회에서 회복과 위로의 사회로 나아갈 수 있을 것이다.

그런데 왜 유독 연극이어야 하는가? 생활연극을 언급하는 이유는 연극이 인간의 근본 및 현대인의 삶과 밀접하다고 보기 때문이다. 이를 요약하면 다음과 같다.

첫째, 연극은 종합예술로서 모든 예술을 아우른다. 생활연극은 연극만을 강조하는 것이 아닌, 생활예술의 개념과 통할 수 있다.

둘째, 인간의 발달단계에는 분명한 연극적 특징이 있다. 장 피아제(Jean Piaget)의 인지발달 단계에서 전조작기 아동은 필히 상상력을 바탕으로 한 가상놀이를 거치는 것처럼, 역할연기는 인간의 발달에서 꼭 필요한 과정이므로 생활연극을 통해 잊고 있었던 연극적 방식을 복원시킨다면 인간성 회복이 가능하다.

셋째, 연극 공간은 상상력과 창조력이 행해지는 곳이다. 영화 〈부시맨〉에서 다용도로 사용된 빈 콜라병처럼 상상력이 가미된 모든 사물은 생명력을 부여받아서 다양한 모습으로 변모한다. 이러한 다용도의 사물이 우리의 일상과 만날 때 밋밋한 일상은 일거에 생기를 되찾을 수 있다.

넷째, 즉흥성과 집단성이 특징인 연극은 개인주의 성향의 현대인에게 결핍된 부분을 보완할 수 있다. 집단적 놀이는 다름 아닌 축제가 된다.

다섯째, 몸을 통한 직접적 만남, 표현, 관계 설정은 고립되고 외로운 현대인의 몸과 마음을 치료할 수 있다. 특히 집단적 놀이와 신체와의 직접적인 만남은 생활연극의 주요 요소다.

이처럼 생활연극은 삶과 동떨어진 예술 세계를 구현하는 것이 아니라 삶과의 호환으로 자아가 회복되고 대인관계가 승화되어 건강한 사회에 이르도록 한다.

2) 놀이 및 축제로서의 연극-디지털 놀이의 필요성

생활연극이 공동체의식을 함양하고 탈소외와 위로, 변화, 치료를 목적으로 할 때, 관심을 가져야 하는 것은 앞서 언급한 연극의 특징인 집단적 놀이, 즉 축제의 성격이다. 르페브르의 진단처럼, 자본주의사회에서 노동자들은 반복적인 동작만을 일삼는 기계로 전락하였고 노동의 즐거움이나 놀이의 성격을 상실하였다. 산업현장의 분업화로 인해 노동자는 자신이 무엇을 생산하는 줄도 모르면서 주어진 일을 기계처럼 반복한다. 수공업 시대에 노동자가 소재의 구입부터 물건을 완성하던 체계와는 전혀 다른 방식으로 진행되고 있다. 이러한 분업화 체계에서는 반복에 따른 지루함이 있을 뿐 노동 자체에 대한 즐거움과 완성품에 대한 성취감은 없다. 노동이 중요한 일상생활의 일부가 되고 행위의 결과에 대한 가치를 상실할 때, 병리적인 인간으로 전락할 우려

현대산업의 특징은 철저한 분업화에 있다.

가 있다. 이러한 진단에 따라 생활연극은 농경시대에 흥과 노래와 율동이 있던 과거의 노동, 즉 유희적 노동의 개념을 재생시키고자 하는 것이다.

하지만 비록 현대사회에서 의례, 노동, 체계, 관계 맺기의 간략화가 가속화되고, 소외 현상이 증폭되고 있음에도 현대의 중심을 관통하는 디지털 문화에 놀이성이 깃들어 있다는 점을 주목할 필요가 있다. 메타버스처럼 가상과 현실의 중첩으로 이루어진 디지털 세상은 놀이의 개념으로 수렴될 수 있다. 노동현장은 경직화되고 놀이성이 상실되었음에도 디지털 세계에 자체적으로 놀이의 성격이 있다는 점은 흥미롭다. 놀이성이 사라진 노동현장에서 호모루덴스가 디지털 테크놀로지의 힘으로 복귀되는 현상이 목격되는 것은 바로 이런 현상에서 기인한다.

디지털 시대에 노동의 수단과 오락의 수단은 일치하며, 오늘

첨단기술의 발달로 메타버스의 디지털 세상이 갈수록 빠른 속도로 확산될 것이다.

날 대중은 컴퓨터로 일하고 컴퓨터로 논다. 놀이가 노동이 되고, 노동이 놀이가 되는 세계가 온 것이다. 실제로 게임 연구에서는 이런 유형의 활동을 놀이(play)에 노동(labor)을 더한 플레이버(playbor)라고 부른다. 이는 세계 전체가 거대한 하나의 게임이 되어 가고 있음을 보여 준다. 현실 자체가 비트와 아톰이 중첩되고, 가상과 현실이 중첩되며, 노동과 유희가 중첩되는 파티피지컬한 세계로 변해 가고 있는 것이다(진중권, 2016). 이처럼 새로운 형태의 디지털 노동과 디지털 놀이가 통합되는 현상에서 연극을 떠올리는 것은 자연스럽다.

노동을 놀이로 승화시키는 것은 경제적 활동과 여흥(유희)의 조합이다. 일하면서 놀고, 놀면서 일할 수 있다면 얼마나 멋진 일인가! 놀이는 타인과 공유점을 찾도록 하고 목표를 달성하고 숙달해 가는 행동을 반복하면서 즐거움을 준다. 놀이는 심리적 치료도 가능하다. 도널드 위니컷(Donald Winnicott)은 놀이의 창조성을 발견하고, 이러한 창조성을 통해 심리치료가 가능하다고 보았다. 연극(play)은 일종의 놀이(play)이며, 놀이는 연극적이다. 그렇다면 생활연극은 창조적 놀이를 연극에 접목하는 방식으로 방향을 설정할 수 있다.

놀이는 연극뿐 아니라 경제의 관점에서도 주목한다. 행동주의 심리학자로 널리 알려진 버러스 프레더릭 스키너(Burrhus Frederick Skinner)는 스키너 상자(Skinner's box)를 만들어 쥐를 실험했다. 배고픈 쥐를 상자 안에 가둬 놓고 먹이 급여기를 건들면 먹이가 나오도록 하는 장치다. 배고픈 쥐의 특징은 쉬지 않고 돌

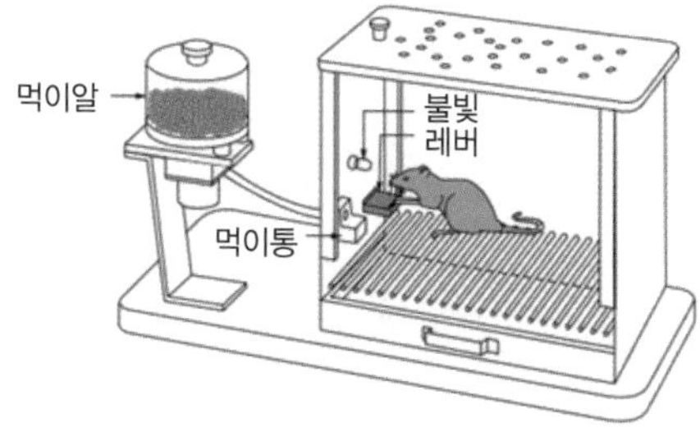

스키너와 실험상자 행동주의 심리학자인 그는 이 실험을 통해 조작적 조건형성을 주장했다.

아다닌다는 것이다. 그러다 우연히 쥐가 먹이 급여기를 건들면 음식을 먹을 수 있게 된다. 쥐는 처음에는 먹이 급여기가 곧 음식이라는 공식을 알아채지 못한다. 지속적인 움직임과 먹이 급여기 건들기를 반복하면서 먹이 급여기를 건들면 먹이가 나온다는 것을 알아차리게 된다. 쥐는 점차 돌아다니는 행동을 멈추고, 먹고 싶을 때에만 먹이 급여기를 건든다. 배부른 쥐는 더는 부지런히 움직일 필요성을 느끼지 않는다.

보통 개발도상국은 경제성장률이 높지만, 선진국에 진입하게 되면 성장률이 둔화된다. 삶의 수준이 높아진 국민은 배부른 쥐처럼 열심히 일하려고 하지 않는다. 이는 세계 선진국의 공통적인 현상으로, 배부른 국민을 어떻게 하면 노동의 장으로 이끌 수 있는가가 그들에게 주어진 숙제다. 보상이 크면 배부른 국민도 움직이겠지만 보상은 한계가 있다. 이에 제시된 한 가지 방안은 노동을 놀이의 개념으로 승화시키는 것이다. 『톰 소여의 모험』의 예에서 알 수 있듯이, 노동이 놀이로 승화되면 그것은 힘든 일이 아니라 즐거운 일이 된다. 톰의 재치로 페인트칠은 노동에서 놀이가 된다. 등산을 취미로 하는 사람이 산을 오르는 것은 즐거운 일이지만, 군인이 훈련의 일과로 산에 오르는 것은 힘든 일이 된다.

생활연극에서 잘 놀지 못하는 사람을 잘 놀 수 있도록 한다면 그 자체로 의미가 있다. 위니컷은 놀지 못하는 사람을 놀 수 있도록 하는 것이 곧 치료라고 말했다. 놀이를 곁들인 생활연극은 현대인의 우울한 마음에 다가서서 위안과 치료를 제공할 수 있다.

현대철학에서 주목하는 몸 철학, 몸 현상학, 몸 연극 등은 서양사상에서 정신보다 상대적으로 폄하되었던 몸의 가치를 회복하고자 한다. 데이턴(Dayton, 2012)에 의하면, 몸은 무의식적인 마

집단놀이의 즐거움 놀이는 즐겁다. 여럿이 함께하는 놀이는 소통 능력과 사회성을 향상시킨다. 삶에 활력을 주는 놀이는 지친 삶을 위로한다.

음이므로 진정으로 소외에서 벗어나기 위해서는 몸과 신체감각의 회복이 선행되어야 한다. 몸의 회복은 심리적 좌절감이나 정신병리적 현상에서 벗어나도록 한다.

한편, 일상생활은 몸으로 현존하고 살아가는 현장이므로 일상의 문제들을 극복하기 위해서는 현장에 직접 참여할 필요가 있다. 몸의 가치를 되찾고 건강한 마음을 지니기 위해서는 몸을 의식하고 몸에 초점을 맞추며 몸을 직접 참여시켜야 한다. 야코브 레비 모레노(Jacob Levy Moreno)는 행동으로 배운 것은 행동으로 잊어야 한다고 말했다. 소외되고 억제되고 피로한 몸이 회복되기 위해서는 문제의 근원인 몸과 감각이 직접 접촉해야 한다. 연극은 근본적으로 몸의 예술이다. 따라서 직접 몸으로 참여하는 생활연극은 왜곡되고 경직된 몸을 완화하고 풀어내려는 목적을 지닌다. 병에 걸린 몸을 회복시키기 위해서는 몸을 진찰해야 하는 것처럼, 일상생활에서 생겨난 문제는 생활연극으로 풀어낼 수 있다.

모레노가 직접 디렉터로 참여한 사이코드라마의 장면이다.
두 사진 모두 맨 왼쪽이 모레노 자신이다.
출처: 김주현(2017. 6. 20.).

3) 연극의 혁신, 생활연극

예술 가운데 사회와 가장 밀접한 것이 연극이다. 대중과 직접 만나는 연극은 사회적 현상에 영향을 받고 영향을 미친다. 이는 동시대의 사회가 지닌 이데올로기의 흐름이 곧 연극에 반영된다는 것을 말해 준다. 즉, 포스트모더니즘의 시대에 포스트드라마 연극이 주목을 받는 것은 당연하다. 연극은 강 건너의 이야기 또는 과거나 미래의 이야기가 아닌 이 순간 이 자리에 존재하는 사람들의 이야기다. 동시대의 문화에 기반하는 연극은 고정된 것이 아닌 끊임없는 흐름의 예술이다. 연극은 매 순간 다시 태어나야 하는 숙명을 지닌 예술인 것이다. 이 시대에 우리에게 필요한 연극은 보여 주는 자와 보는 자로 엄격하게 구분된 연극과 결별하

장터연극 1660년부터 1830년 사이에 프랑스에서 유행한 장터연극은 사람이 모이는 넓은 장터에서 음악, 무용, 곡예, 인형극 그리고 연극 등의 공연이 펼쳐졌다. 출처: https://icima.hypotheses.org/1781

는 것이다. 전통을 운운하면서 분할된 경계를 내세우는 연극은 현대인에게는 죽은 연극이다. 가벼운 오락과 반짝이는 아이디어로 관객을 잠깐 즐겁게 하는 연극은 순간적인 즐거움을 탐닉하는 술이나 마약과 다를 바 없다. 사실 과거의 서민연극은 생활과 밀접한 연극, 생활 속의 연극이었다. 예를 들어, 장터연극처럼 저잣거리에서 행해지던 연극판이 그것이다. 생활연극으로 제시되는 연극은 외계에서 온 낯선 연극이 아니라 과거의 연극에 그 진원지가 있다. 그렇지만 생활연극은 과거로의 회귀를 목적으로 하지 않는다. 생활연극이 그 정신을 과거에서 찾는다고 하더라도 과거의 재현이 아닌 오늘날의 매체, 새로운 이념과 만남을 통해 이루어져야 한다. 현대인의 삶의 방식과 긴밀하고 융통성 있게 조합하는 방식이어야 한다. 이러한 생활연극을 제시하자면 다음과 같다.

첫째, 생활연극은 공간의 탈경계를 지향한다. 열린 공간, 배우와 관객이 하나가 된 통감각적 공간을 창출하고자 한다. 생활연극의 공간은 폐쇄되어 있지 않아서 누구나 자유롭게 들락거릴 수 있다. 공간의 전적인 개방은 관객과 배우 사이의 관계를 새롭게 한다. 개방된 공간에서 배우는 관객과 구분되지 않는다. 관객은 삶을 살아가는 한 사람이며, 배우 역시 일상의 한 사람이다. 배우와 관객은 가변적인 역할로서 전이와 역전이가 일어나 언제든지 상호 뒤바뀔 수 있다. 이런 방식의 만남은 주체가 고정되어 있지 않고 조건과 상황에 따라 타자로 변할 수 있음을 보여 준다. 진정으로 타인이 되는 경험은 공감과 소통의 바탕이 된다. 이는 연극치료에서 지향하는 것으로, 그 시작은 관객을 능동적인 참여로 이끄는 경계 없는 극적인 공간이다. 열린 공간은 과거의 연극 형태인 마당의 개념과 유사하다. 마당에 깔아 놓은 멍석은 판이 되고, 멍석을 둘러싼 사람들은 관객이 된다. 배우와 관객은 상호 반응하고, 공간은 그들의 상호적 움직임에 따라 유동적이 된다. 가령, 탈놀이, 광대놀이, 남사당패, 그리고 서양의 소극(笑劇, farce), 장터연극, 코메디아 델라르테(commedia dell'arte) 등은 열린 공간에서 관객과 적극적으로 소통한 연극이다. 탈경계의 생활연극은 이웃 간의 심리적 담을 허물고 소통의 장을 마련할 수 있는 공동체연극이자, 누구나 참여할 수 있는 연극 민주주의를

코메디아 델라르테 16~18세기에 이탈리아에서 유행한 즉흥극이다. 연기자는 캐릭터 가면을 쓰고 대본 없이 열린 공간에서 공연하였다. 지배층을 풍자하는 서민극으로 일반 대중에게 인기가 많았다.
출처: https://www.meer.com/en/70303-what-is-commedia-dellarte

실천하는 연극이다.

둘째, 생활연극은 즉흥적 창조를 강조한다. 생활연극은 우연히 만난 관객과 배우가 어울려 상호 동참자가 됨으로써 예상치 못했던 연극을 행하는 방식이다. 우연적 즉흥성에 도달하기가 어려울 경우에는 주제를 제시할 수 있는 전문가의 도움을 받을 수 있다. 전문가 역시 주제 선정 시 사전에 의도하는 것이 아닌 관객과 즉석에서 결정할 것이다. 이런 점에서 생활연극의 즉흥성은 연극치료나 사이코드라마처럼 자발적 참여가 필수적이다.

셋째, 생활연극은 연극의 민주화로서 누구나 향유하는 연극이다. 현대사회에 걸맞은 시민공동체 또는 공동체의 시민을 위한 연극이어야 하는 것이다. 이는 응용연극(applied theatre),[1] 대안연극(alternative theatre),[2] 장소 특정적 연극(site-specific theatre),[3] 이머시브연극(immersive theatre), 놀이로서의 연극

---

1) 'applied'는 실용, 적용, 활용, 응용 등을 포괄하는 용어로 응용연극은 오늘을 살아가는 우리 자신에게 적용한다는 의미를 담고 있다. 응용연극은 환경, 생태 등에 관심을 갖는 실험적인 연극이다. 한편, 테일러의 저서 『응용연극(applied theatre)』은 『시민연극』(2009)으로 번역되어 출간되었다. 소제목은 '연극을 통한 공동체, 참여 그리고 변화'다. 응용연극은 집단적인 연극 행위를 통해 하나의 공동체를 형성하고 변화를 일궈 낸다는 의미를 담고 있는데, 이는 응용연극의 핵심 내용이기도 하다.

2) 대안연극은 급진적이고 반주류적이며 반상업적인 연극을 일컫는다. 대안연극은 1960년대와 1970년대의 정치적, 사회적 격동 속에서 프랑스, 영국, 미국에서 활발하게 전개되었다. 초기에는 정치극과 관련이 있었으며, 프린지 연극, 게릴라 연극, 아방가르드, 실험연극 등 광범위한 용어를 포괄하게 되었다.

3) 장소 특정적 연극은 일반 공연장이 아닌 독특하고 특별히 개조된 장소에서 공연하는 연극이다. 이 독특한 장소는 호텔, 안뜰 또는 개조된 건물처럼 기존의 연극무대와 전혀 무관한 곳이거나 숲처럼 색다른 공간을 활용한 연극이기도 하다. 장소 특정적 연극은 장소 특유의 특성을 활용하여 연극의 깊이를 더하고자 한다.

장소 특정적 연극 일반 무대와는 전혀 다른 공간에서 이루어지며 장소 자체로 의미 있는 메시지를 전한다.
출처: https://www.geraldinepilgrim.com

이머시브연극 관객을 수동적인 수용자에서 능동적인 참여자로 변화시키는 것을 목표로 한다. 이를 위해 관객과 배우 사이의 경계를 모호하게 하여 관객은 객석에서 무대를 지켜보는 대신 배우와 함께 배치되어 행위에 동참한다. 공간은 나이트클럽, 창고, 집 또는 병원이 되기도 한다. 이곳에 참여한 관객은 감각적 경험 및 집단 경험을 통해 공동체 의식을 고취한다.
출처: https://www.backstage.com/magazine/article/immersive-theatre-explained-75850

(theatre as play) 등과 상통한다. 관객의 입장에서 누구나 향유가 가능한 생활연극의 예로 고대 그리스 연극을 들 수 있다. 그리스인들에게 연극은 생활이자 삶이었다. 그들은 축제가 열리는 날이면 신에게 제사를 지내고, 먹고 마시고 노래를 부르며 춤을 추었다. 시간이 흘러 축제가 정례화되었고, 신과 영웅들의 이야기를 한데 묶어 비극을 만들어 냈다. 비극에는 여전히 노래와 춤이 있었고, 청중은 창작의 주체였다. 코러스는 청중이었고, 청중은 코러스의 일원이었다. 그리스인들은 비극을 통해 하나가 됨으로써 공동체의 단결을 도모했고, 삶에서 종종 겪게 되는 고통의 우울함이나 쓸쓸함은 물론 비극적 사건을 이겨 내는 힘을 얻었다. 축제, 나아가 연극을 통해 그들은 삶의 풍요를 기원하였고, 미래의 희망을 얻었으며, 정치적으로 대동단결을 도모하였다. 이런 점에서 현실의 삶에서 생겨나는 고난을 극복하기, 풍요로움, 공동체 함양 등의 다양한 의미가 포함된 그리스의 비극은 일종의 생활연극이라고 할 수 있다. 그런데 그리스의 비극이 보여 준 연극적 현상은 인간이 집단을 이루고 사는 곳이면 어디에서든지 발견된다. 다만 문화적 차이만큼 형식과 내용에서 약간의 차이가 있을 뿐이다.

한반도에 거주한 한민족 역시 한국 문화에 기반을 둔 의식과 풍요의 기원을 행하였다. 그리스 비극이 풍요와 생존을 위한 예술적 산물인 것처럼, 노래와 춤을 좋아하는 한민족의 연극도 이와 크게 다르지 않다. 전통 연희는 판소리, 전통 춤, 탈춤, 꼭두각시놀이, 탈놀이 등 다양한 방식으로 이루어져 왔다. 동네라는 공

고대 그리스 연극 고대 그리스인에게 연극은 국가적 행사로 모든 시민이 참여하는 축제였다.
출처: brunchstory(https://brunch.co.kr/@yhchoi90rw/822).

동체에서 형성된 전통적 놀이, 노래, 춤은 강한 생명력을 북돋아 주고 공동체의 번영이라는 일관된 목표를 지향한다. 한민족은 삶이 호락호락하지 않음을 알았고, 이야기, 노래, 춤, 놀이를 통해 고난의 삶을 표현함으로써 극복하고자 하였다. 과거 축제나 놀이 형식의 집단 연희는 공동체의 번영뿐 아니라 개인의 행복한 삶을 추구하고자 하는 노력의 일환이다. 오늘날 생활연극은 이러한 전통 연희의 요소에 주목하여 비교 대상이 되어 열등감에 사로잡힌 현대인의 삶에 긍정적인 활력을 불어넣을 수 있을 것이다.

4) 생활연극과 연극치료

디지털 시대, 코로나19 시대에 현대인들이 연극을 접하는 일은 쉽지 않다. 바쁜 와중에 시간을 짜내야 하고, 영화보다 비싼 입장료를 지불해야 하는 연극은 큰마음을 먹지 않으면 안 된다. 평생 연극을 한 번도 보지 않은 사람들도 부지기수다. 연극을 꼭 봐야 하는 것은 아니다. 일상의 삶에서 생활연극이라는 개념이 구태여 필요한지 의문이 들 수도 있다. 지금까지 연극을 접하지 않고도 문제없이 살아왔으며, 당장 필요한 것은 경제활동이나 가족 및 친구와의 교류이지 연극 참여가 아니라고 생각할 수 있다. 그렇지만 생활연극이 특수한 형태가 아닌 일상생활에서 삶의 만족도 향상과 마음의 치료를 위해 행해지는 연극이라면 이야기가 달라진다. 생활연극은 일상의 삶에 뿌리를 내리는 연극이고, 삶을 연극의 범주에 포섭하는 '세상 연극'의 개념과 상통하는 연극이며, 생태연극 및 자연연극과도 연계된다. 변화와 치료를 염두에 둔 생활연극의 실제를 살펴보면 다음과 같다.

첫째, 가정, 아파트 단지, 학교, 동아리, 직장, 동호회, 단체에서 상호 교류와 소통, 스트레스 해소, 즐거움 등을 위해 실천하는 연극이다. 이는 특별한 장소나 연극적 장치가 필요하지 않으며, 일상을 무대 삼아 자연스럽게 연극의 세계로 진입할 수 있다. 일상생활–무대는 어디에서나 존재하고(omnipresent), 언제든지 가능하며, 누구든지 참여자가 될 수 있다. 일상에서 사람들이 모일 수 있는 장소나 상황이 생겨나면 생활연극을 펼칠 수 있다. 예를 들어, 일가친척들이 모이는 가족 행사(결혼식, 장례식 등), 학교행사(학예회, 운동회 등), 직장 행사, 마을 행사(경로잔치) 등에서 생활연극은 가능하다. 사람들은 생활연극을 통해 일상을 연극으로 재현하면서 다양한 역할을 경험할 것이다. 이같이 다 함께 모여 유쾌한 분위기에서 일궈 낸 연극놀이의 경험, 역할연기의 경험은 개인의 변화는 물론이고 인간성 회복과 건강한 공동체문화를 재탄생시킬 것이다. 또한 일상생활을 연극이라는 거울에 비춰 봄으로써 재미와 여흥의 틈새로 자신의 삶 전반을 통찰하는 기회가 될 것이다. 생활연극은 개인의 내적 성찰과 변화, 건강한 공동체 함양을 모색한다는 점에서 일종의 연극치료라고 할 수 있다.

둘째, 생활연극은 교육연극과 다큐멘터리연극[4]을 포섭할 수 있다. 교육연극은 직장에서 직장 예절과 단체행동을 익히게 하는 교육, 청소년의 인터넷 중독 예방 교육, 어린이 안전교육, 성폭력 예방 교육 등을 연극적 방식으로 교육하는 방법, 일자리 창출을 위한 연극교육, 은퇴자들의 제2의 인생을 위한 노후 준비 연극 등 사회 전반에 적용할 수 있다. 개인이 집단 속에서 행하는 교육적 역할을 통해 참여자는 삶의 활력을 모색하고 변화의 가능성을 타진할 수 있다. 또한 무대의 배우들이 허구가 아닌 사실을 진술하고, 무대와 객석이 직접 소통하게 하면서 가상의 텍스

4) 다큐멘터리연극은 기존의 다큐멘터리 자료를 실제 사건과 인물에 대한 이야기를 자료로 사용하는 연극이다. 일종의 대안연극인 다큐멘터리연극은 동시대 새로운 연극성에 대한 모색으로서 현장에서 매우 진취적이고 적극적으로 실험되고 있고, 최근 한국 연극의 현장에서도 활발하게 연구되고 있다.

다큐멘터리연극 독일 다큐멘터리 극단 '리미니 프로토콜(Rimini Protokoll)'이 2009년 내한 공연한 〈칼 마르크스: 자본론 제1권〉
출처: https://sulki-min.com/bom09/program_img/01_Rimini1.jpg

트가 아닌 실제 보고를 위한 자료를 제시하는 현실 참여의 다큐멘터리연극도 일종의 생활연극이라고 할 수 있다.

셋째, 자기 이해와 상처로부터의 회복 혹은 관계 인식을 위한 특별한 이론을 지닌 대안연극 가운데 토론연극(forum theatre)과 재생연극(playback theatre)은 개인과 집단의 일상생활에서 생겨나는 문제들을 해결하려는 점에서 치료의 생활연극으로 수렴될 수 있다. 또한 집단적 역할을 탐색하는 소시오드라마도 학교나 직장, 법률 집행기관의 교육 프로그램에서 역할극을 활용하는 유용한 방법이라는 점에서 생활연극으로 수용할 수 있다. 이렇듯 생활연극은 교육의 연극이자 치료의 연극이다. 집단 앞에서 역할연기를 하면서 자신을 드러낸다는 것은 어느 정도 치료

토론연극 디렉터와 관객이 이야기를 나누면서 토론연극을 진행하고 있다.
출처: https://www.atd-fourthworld.org/forum-theater-netherlands-looking-together-solutions-poverty

재생연극 관객 중 한 사람이 자신의 이야기를 하면서 시작된다. 무대의 네 명의 배우가 관객의 이야기를 즉흥적으로 극화한다. 왼편에 의상이 놓여 있고 오른편에 악사가 앉아 있으며, 안경 쓴 사람이 진행자다.
출처: https://www.londonplayback.com/what-is-playback

의 입구에 들어선 것이며, 자신을 이야기하고 역할과 몸으로 표현하는 것은 미해결 문제, 트라우마 등을 털어 낼 수 있는 절호의 기회가 된다.

자체로 치료 기능이 있는 연극에서 관객이 무대의 주제와 자신의 현실문제가 만난다면 연극의 치료 기능은 더욱 확대된다. 관객이 무대에 서서 주인공이 되어 감정을 투사하고 동일시할 때 드라마는 자기 세계 전체로 확장된다. 모레노는 이렇게 말한다.

> 관객은 자연스럽게 드라마가 곧 자기 이야기라고 생각하게 된다. 자신의 인생이 하나의 의식으로서 눈앞의 무대에 펼쳐지는 것이다. 그러므로 연극은 곧 자기 삶의 의미나 결핍을 비추는 거울이 된다(Dayton, 2012).

무대가 자기를 비추는 거울로 작용할 때, 관객은 자신과 직면하게 되고 감정의 정화와 통합을 느끼게 된다. 다만, 연극의 자연적 치료가 아닌 일상생활의 주체자로서 생활연극을 적극적으로 개진하고 탈소외의 능동적 치유를 얻기 위해서는 참여자의 일상생활을 전적으로 재구성할 필요가 있다. 그리하여 생활연극이 위로와 치료로 승화될 수 있다면 일상에 혁명을 일으키는 연극이 될 것이다. 치료의 생활연극은 일상의 전복이 아닌 해체에 중점을 둔다. 일상에 대한 낯선 관찰, 인식, 재고의 단계를 통해 전혀 새로운 일상으로 도약하고자 한다. 현재 연극의 치료성을 직접 인용하고 접목하는 연극치료 연구가 활발하게 진행 중이다. 연극 민주화에 기반한 생활 속의 연극이 그 고유한 사회와 문화에 기반한 연극치료와 만날 수 있다면 개인의 성장과 공동체의 함양 등 개인과 사회의 회복과 행복에 커다란 성과가 있을 것이다.

출처: https://ece.emory.edu/_includes/ECE-drama-therapy-2-card.jpg

출처: https://sustainrecovery.com/hubfs/Imported_Blog_Media/telling-your-story-through-drama-therapy.jpeg#keepProtocol

출처: https://www.thelantern.com/wp-content/uploads/2016/02/Campus_Shakespeare.jpg

연극치료 장면들

제2장

연극과 연극치료 정의하기

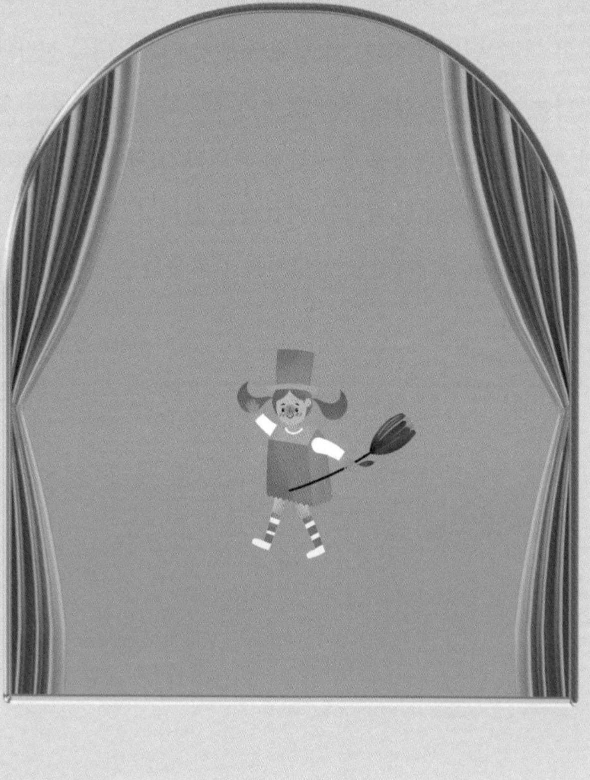

앞에서 누누이 언급한 것처럼 연극과 연극치료는 불가분의 관계다. 연극치료는 연극이라는 연못에서 흘러나온 시냇물 또는 연극이라는 나무에서 맺은 열매라고 할 수 있다. 즉, 연극을 만나고 이해하고 경험할 때 비로소 전문적인 연극치료사가 될 수 있는 것이다. 이 점에서 무엇보다도 연극 전반에 나타나는 치료적 특성에 대한 탐색이 필요하다. 지금부터 연극과 연극치료의 관계를 분명하게 파악하기 위해 연극을 정의함으로써 연극의 본래적인 치료성을 살피고, 연극이 지닌 치료적 효과를 적극적이고 의도적으로 활용하는 연극치료에 접근해 보자.

1 연극이란 무엇인가

연극이 무엇이냐는 질문은 매우 광범위하다. 인류의 역사와 더불어 시작되고 인류가 존재하는 한 계속될 것이 확실하며, 인간의 본성과 실체를 가장 잘 드러내는 예술로 평가받는 연극에 대해 명쾌한 정의를 내리기가 여간 까다롭지 않다. 연극을 이해하기 위해 사전의 정의와 어원을 참고하거나 연극의 기본 요소 및 연극의 기원을 통하는 방법이 있다. 한국민족문화대백과사전(https://encykorea.aks.ac.kr/Article/E0036702)에서 연극은 "배우가 무대에서 극본에 따라 어떤 사건이나 인물을 몸짓 · 동작 · 말로써 관객에게 보여 주는 예술"로 정의된다. 이에 의하면 연극은 배우, 희곡, 분장, 음악, 배경, 조명을 비롯한 여러 장치가 필요하고, 이것들을 바탕으로 사건이나 인물을 무대에서 구체적으로 표현하는 예술이다. 한편, 최남선은 연극을 짓, 굿, 노릇으로 정의했다. 굿은 연극의 기원이 종교와 깊은 관계가 있음을 보여 주며, 행동 모방을 의미하는 짓이나 노릇은 연극의 본질을 나타낸다. 이를 조합하면 연극이란 행동의 모방(노릇)을 통한 놀이(유희)다. 한자 연극(演劇)은 '멀리 흐르다'의 '演(연)'과 '빠르다' '놀이'의 '劇(극)'이 합해진 것으로, 역시 놀이의 뜻이 강하다. 한편, 드라마(drama)는 '일하다' 또는 '행동하다'를 의미하는 그리스어 'dran'에서 파생된 것이고, 'theatre'는 '본다' 또는 '보는 장소'를 의미하는 그리스어 'theatron'에서 나온 것이다. 이에 따르면 연극이란 무대의 행동을 지켜보는 장소 혹은 그 행위를 총괄하는 것이 된다. 이를 종합하여 연극의 특징을 다음과 같이 정리할 수 있다.

- 연극은 일회적이다. 연극은 현재 이곳에서 행해지는 대표적인 공연예술이다.
- 연극은 집단적이다.
- 연극에서 인간(배우)의 몸은 주된 표현 수단이다.
- 연극은 허구의 이야기인 희곡에서 출발한다. 희곡의 존재는 연극이 사건과 인물을 구체적으로 이야기하는 예술이라는 것을 의미한다.
- 연극은 관객을 중시하는 예술이다. 관객이 있어야 연극은 성립한다.
- 연극은 분장, 음향, 배경, 조명, 장치 등의 연극 언어가 어우러진 예술이다.
- 연극은 무대 공간이 필요하며, 연출가는 일종의 공간 디자이너라고 할 수 있다.
- 배우와 관객은 현재 이곳에 함께 존재하므로 시공간적 현재성의 특징이 있다.
- 연극은 놀이의 성격이 짙다.
- 연극은 현실의 재현으로 현실을 반영한다.
- 연극은 다양한 예술이 종합적으로 펼쳐지는 종합예술이다.

- 연극은 기원에 있어 종교와 밀접하다.
- 연극은 직접적이며 생동적인 예술로, 인간 자신과 세계를 효과적으로 이해하도록 한다.
- 무대와 배우가 관객의 눈앞에 실존해야 하는 공연예술로, 연극은 자동적 대량 생산 시대와는 동떨어진 아날로그적 수제품이다.
- 연극의 성립에 있어 주된 요소는 배우, 무대, 관객, 희곡으로, 이들은 연극의 4대 요소로 불린다.

이들 특징 가운데 연극치료에서 특히 관심을 두어야 할 부분인 연극의 일회성, 현존성과 신체성, 집단성, 종합성을 구체적으로 살펴보자.

1) 연극의 일회성

연극은 일회적이다. 일회적 연극은 이 순간 현존의 예술을 뜻한다. 영상예술과는 달리 연극은 한 번 공연하면 그것으로 끝이다. 같은 희곡을 같은 연극인들이 참여하여 같은 무대에 올린 연극이라면 같은 공연이 아니냐고 반문할 수 있지만, 결코 같은 공연이 아니다. 예컨대, 한 극단에서 〈햄릿〉을 열흘간 10번의 공연을 했을 때, 10번의 공연은 각각 다른 공연이 된다. 연극은 여러 사람이 모여 하는 일이므로 실수가 있을 수 있고, 배우들도 어제와 오늘의 상태가 다를 수 있다. 결정적인 차이는 공연마다 관객이 다르기 때문이다. 실제로 배우의 연기 컨디션은 그날 관객의 반응과 분위기에 따라 달라진다. 따라서 훌륭한 연극이 되기 위한 조건 중 하나는 그날의 배우와 관객의 궁합이 잘 맞아떨어져야 한다는 것이다. 그날 우연히도 배우와 관객의 소통이 잘 이루어진다면 의미 있는 공연이 된다.

장기 공연을 하다 보면 배우들의 상황이 수시로 바뀌곤 한다. 뜻밖의 사고가 날 수도 있고, 상을 당해 갑자기 공연이 불가능한 경우도 있다. 공연 시간이 임박했는데도 전날 과음한 탓에 아니면 교통체증 때문에 배우가 도착하지 않아 발을 동동 구르는 경우도 있다. 연출가는 위급 상황에 대비하여 대체 배우를 구하든가, 조연일 경우에는 적당히 땜질하는 식으로 문제를 해결한다.

한 편의 공연을 완결하기까지는 예기치 않은 일들이 수시로 일어난다. 관객이 볼 수 있는 무대는 바다에 떠 있는 빙하처럼 극히 일부분이다. 공연 중에 배우가 대사를 까먹는 것은 수시로 있는 일이고, 어떤 때는 배우가 여러 대사를 한꺼번에 건너뛰어 상대역 배우의 대사가 통째로 없어지는 황당한 일도 일어난다. 노련한 배우는 공연 중 무대에서 발생하는 돌발 상황에도 당황하지 않고 그것이 마치 연극인 것처럼 여유롭게 연기한다. 그의 노련미에 깜빡 속은 관객은 무슨 일이 일어났는지 전혀 눈치채지 못한다.

연극의 일회성은 갖가지 해프닝이 언제든지 일어날 수 있다는 것을 뜻한다. 이처럼 일회적인 성격을 지닌 연극은 준비한 대로 진행되는 대신에 전혀 다른 상황으로 돌변하거나, 한 번 지나가면 돌이킬 수 없다는 점에서 인생과 닮았다. 연극을 인생의 축소판이라고 하는 이유도 여기에 있다. 그림은 남는다. 악보도 남는다. 녹음한 가수의 노래도 음반으로 남는다. 그러나 그날 밤 우레와 같은 우렁찬 박수로 막을 내린 연극은 더 이상 만날 수 없다. 연극사가 대부분 희곡과 극작가의 이름으로 채워져 있는 것은 연극 분야에서 오로지 희곡만 남기 때문이다.

연극의 일회성은 현재 이곳이 가장 의미 있고 가치가 있다는 것을 보여 준다. 연극의 일회성은 곧 지금 이곳의 현장성 또는 신체의 현존과 통한다. 혹자는 공연을 카메라로 찍으면 남기 때문에 일회적이라고 할 수 없다고 말한다. 사실 요즘에는 웬만하면 공연을 실시간으로 촬영한다. 더구나 코로나19 시대에 모임 자체가 금지된 이후에 유튜브로 실시간 스트리밍되는 공연이 많아졌다. 그러나 단언컨대 카메라로 촬영하여 반복적 재생이 가능한 영상은 영상물이지 공연물이 아니다. 동영상으로 찍은 연극은 연극이기보다는 오히려 텔레비전 드라마나 영화에 가깝다. 연극은 지금 이 자리에 현존하는 관객과 함께 호흡하고 소리 내고 소통하는 상호 교류가 중요하기 때문에 연극을 카메라로 담은 순간 연극에서 벗어난 것이 된다. 이렇게 자신 있게 말할 수 있는 것은 녹화된 동영상이나 실시간 스트리밍은 신체감각이 통합적으로 작동하지 않기 때문이다.

연극은 현존하는 신체들이 모여 완성하는 예술이다. 기계의 발달로 시각이나 청각의 간접 접촉이 실제와 다를 바 없다고 하지만 꼭 그렇지도 않다. 가령, 이미지와 말을 저장할 수 있는 줌

(Zoom)은 실시간 접촉으로 감각적 소통을 어느 정도 보완하고 있으나 미팅 같은 메시지 전달에만 의미가 있을 뿐, 예술적 차원에서 신체의 현존에서 발생하는 기운이나 직접 마주 보는 시각과는 비교할 수 없다. 나르키소스 방식의 자기 반영이 강화된 줌에서의 시선 교환은 상호 교감하는 극적 공간에서의 시선 교환과는 거리가 멀다. 인공지능이 아무리 실감이 뛰어난 영상을 제공하더라도 현존의 연극을 대체할 수는 없다. 일회적 공연에서 배우와 관객의 신체의 공동 현존은 오직 현재에만 의미가 있으며, 지금 여기의 신체 행위로 생겨난 사건에 초점을 맞춘다.

연극의 일회성의 특징은 연극치료 작업의 여러 차원에서 기능한다. 공연은 덧없으며, 생성되는 순간 관객의 뇌 속에 제각기 다른 방식으로 입력되고 사라지는 휘발성이 있다. 그 일회성은 그날의 관객과 교감한다는 점에서 일회용품처럼 한 번 쓰고 폐기되는 것이 아니다. 매시간, 매번 다르다는 의미로서 고정된 것이 없고 항상 열려 있음, 언제나 현재 진행형이라는 뜻이다. 연극의 일회성을 바탕으로 하는 연극치료는 현장에서의 작업이 우연한 흐름 속에서 언제든지 예상 외의 방향으로 전개될 수 있다는 점을 시사한다. 사전에 치료사는 매 회기의 구조를 분명하게 설계하지만, 치료 현장에서 참여자의 욕망과 무의식의 흐름 또는 예상치 못한 외적 상황에 따라 치료의 방향은 얼마든지 바뀔 수 있다. 일회성의 연극치료는 비고정적이며 과정적이다. 예술적 상상력에 기반한 연극치료의 극적 움직임은 정해진 대본이 없으며 즉흥적이다. 언제든지 해프닝이 벌어질 수 있다. '각본 없는 드라마'라고 일컫는 스포츠처럼, 연극치료 역시 일정한 각본으로 개념화할 수 없는 것이다.

연극의 일회성이 고스란히 녹아 있으며 즉각적이고 직관적인 연극치료는, 항상 변수가 개입하고 뭔가 딱히 정해진 것이 없다는 느낌을 준다. 집단치료일 경우에는 항상 같은 인원이 참여하는 것도 아니다. 사전에 통보 없이 결석하는가 하면, 오늘은 몸이 아파서 관망만 하겠다는 참여자도 있다. 중간 회기임에도 새롭게 참여하고 싶어 하는 참여자도 있다. 지난번에는 기분이 좋았는데 오늘은 나쁠 수도 있고, 다리를 다쳐 목발을 짚고 참여할 수도 있다. 이러한 사정상 중요한 것은 오늘 회기 바로 그 자체다. 이런 상황이니만큼 작업에 참여한 집단의 분위기 또한 얼마든지 달라질 수 있다. 이렇듯 치료사는 현재 이곳에서 주어진 상황과 조건 속에서 작업해야 한다.

종합예술인 연극에 기반한 연극치료의 실제는 다른 예술치료나 심리치료에 비해 좀 더 복잡한 방식으로 이루어진다. 예컨대, 연극치료는 공간에도 예민하다. 일반 공간을 치료를 위한 극적인 공간으로 변모시키는 것은 치료사와 참여자의 몫이다. 크기와 밝기, 집중도가 각기 다른 공간에서 최적의 성과를 내기 위해서는 연극치료에 적절한 공간이 무엇일까 고민해야 한다. 또한 음향이나 조명 그리고 가면이나 찰흙 같은 매체도 즉흥적으로 활용할 수 있어야 한다. 프로그램도 마찬가지다. 치료사는 준비된 프로그램으로 작업에 임해야 하지만 전반적인 흐름이 예상과 달리 흘러간다고 판단되면 즉석에서 새로운 프로그램을 시도할 수 있다. 이렇듯 연극치료 작업은 치료사와 참여자 사이에서 전류처럼 흐르는 현재의 감정, 느낌, 사고에 집중한다. 모레노가 사이코드라마에서 참여자들 사이의 기운의 흐름인 텔레(Tele)를 중시한 것이나, 지금 여기(hin et nunc)에 초점을 둔 게슈탈트 심리치료에서 빈 의자 기법, 조각하기, 역할연기와 같은 연극적 요소를 강조하는 것도 이러한 일회성이 주는 매력 때문이다. 지나간 과거에 대해서는 더 이상 생각하지 않고, 아직 오지 않은 미래에 대해서는 걱정하지 않으며, 현재를 반가운 선물로 받아들이는 것이 게슈탈트 심리치료의 기본 태도다. 실존적인 삶은 현재에 있어서만 가능하다고 보기 때문이다. 지금 여기의 완성을 보고 깨닫고 느끼는 것이 게슈탈트 심리치료의 중요한 부분이다(김정규, 2015).

2) 연극의 현존성과 신체성

연극의 일회성 또는 단발성은 연극이 곧 현재적이며 현실적이라는 의미와 통한다. 연극은 이곳에 신체들이 현존하면서 만들어 내는 현재의 예술이다. 연극은 현존하는 신체를 기반으로 성립하며, 특히 포스트드라마연극은 이러한 경향이 두드러진다. 포스트드라마연극은 기존의 연극에서도 중요한 요소인 배우의 신체 현존 자체보다도 새로운 개념의 신체를 도입한다. 포스트드라마연극에서 강조하는 신체의 현존은 연극치료에서 눈여겨봐야 할 부분이다.

전통적으로 연극은 이항대립적인 이분법의 구조를 지니고 있다. 희곡과 공연, 무대와 객석, 배우와 관객 등의 구분이 그것이다. 연극은 텍스트를 바탕으로 다양한 예술가가 모여서 해석하고 반복적인 연습을 통해 완성되는 것이 일반적이다.

공연 무대는 다양한 극적 기호를 통해 관객에게 메시지를 던지고, 공연이 끝날 때까지 정해진 자리에서 이동이 제한된 관객은 일방적으로 메시지를 수용한다. 이처럼 완성된 텍스트에 의존하고 배우의 신체를 기호로 사용하는 연극에 의문을 제기한 것은 양차 세계대전의 발발과 사실주의 연극에 대한 반발에서 시작되었다. 사실주의 연극은 무대와 객석 사이에 절대적 경계를 설정하여 관객에게 환각을 불러일으키게 한다는 특징이 있다. 산업혁명과 더불어 확고해진 사실주의 무대는 일상을 있는 그대로 무대에서 재현하려고 하였고, 다양한 테크닉을 사용하여 연극의 이분법을 더욱 공고히 하였다.

한편, 전쟁으로 인한 고통은 인간의 이성과 과학에 대해 회의를 불러일으켰다. 이성과 과학, 그리고 사실주의 연극에 대한 불신이 팽배해지면서 실험적인 연극인들은 부조리연극 등 반(反)-연극(Anti-Théâtre)의 기치를 내걸고 기존의 연극 형식을 파괴했다. 가령, 역사적 아방가르드 연극은 텍스트를 해체하고 관객의 위상을 재고하는 흐름이며, 실험극의 경향은 걸작으로 평가받는 텍스트에 대한 반발과 수동적이던 관객의 위상을 높이려는 태도로 요약된다. 이는 포스트드라마연극으로 계승된다.

포스트-드라마(post-drama)가 자체적으로 '탈-텍스트'를 뜻하는 만큼, 포스트드라마연극의 예로 제시된 공연은 텍스트에서 벗어나 현존의 신체를 강조한 해프닝과 퍼포먼스, 음악이나 무용 등의 장르를 혼합시킨 혼합형 공연, 디지털 매체를 확장한 공연이 대부분이다. 한스-티에스 레만(Lehmann, 2013)은 "포스트드라마연극은 재현이라기보다는 현존이고, 경험을 나누는 것이라기보다는 경험을 함께 공유하는 것이며, 결과라기보다는 과정인 동시에 취지(의미화)라기보다는 선언(현시)이며, 정보라기보다는 에너지 그 자체"라고 정의했다. 현존의 추구, 배우와 관객의 경험 공유, 결과보다 과정 중시, 의미화보다 현시, 정보보다 에너지 자체의 추구는 탈텍스트, 탈위계적, 혼용적, 신체의 직접적인 현존과 더불어 포스트드라마연극의 핵심이다.

현실의 재현보다는 지금 여기에 현존하는 신체에 초점을 맞춘 포스트드라마연극의 개념은 연극치료와 직결된다. 탈텍스트의 연극치료는 과정을 중시하며, 현존하면서 경험을 공유하므로 생산자와 수용자가 따로 분리되어 있지 않다. 따라서 연극치료에서 치료사나 참여자는 공동 생산자이자 공동 수용자로서 경험을 공유하는 관계가 된다. 연극치료는 전통적 연극의 이분법을 해체한다. 공간은 무대와 객석으로 구획되어 있지 않으며 상황에 따라 자유롭게 무대가 되고 객석이 된다. 환각이 아닌 현실에서 무대와 객석 사이의 왕래가 자유롭다. 주인공이 된 참여자가 역할연기를 하다가 그 과정이 끝나면 다시 관객이 된다. 이번에는 관객이었던 다른 참여자가 역할 연기자가 될 것이다. 이처럼 참여자는 수시로 연기자와 관객 사이를 왕래한다.

언어와 몸으로 표현하는 극적인 이야기 또한 질서정연한 플롯(plot)에 따르지 않는다. 언제든 멈출 수 있고 다시 시작할 수 있으며, 어디로 튈지 알 수 없는 상태이므로 결말의 내용은 중요하지 않다. 아마도 연극의 일회성, 현재성과 신체성을 연극치료에 적절하게 운용한 것이 발달변형모델(Developmental Transformations: DvT)일 것이다. 다음에서 자세히 언급할 연극치료 DvT는 유동적 상황에서 치료사와 참여자 모두가 신체와 움직임 하나하나에서 에너지가 발생하는 것을 생생하게 체험한다. 이러한 체험은 다 함께 공유하는 에너지를 발휘하여 치료의 효과를 극대화한다. 포스트드라마 연극과 근접하는 연극치료는 한마디로 연극적이되, 반(反)연극적이라고 할 수 있다.

3) 연극의 집단성

현대사회에서 소외 현상이 가속화되는 가운데 공동체의 성격을 지닌 집단성은 관심의 대상이 되고 있다. 집단성의 요소인 타인, 만남, 관계는 실존철학의 주요 테마이기도 하다. 마르틴 하이데거(Martin Heidegger)에 의하면, 개인은 주체로서 세상을 대상으로 바라보기보다는 세상과 상호작용하는 존재다. 따라서 개인은 실존의 차원에서 주관적인 시선으로 세상을 바라보고 인식한다는 시각에서 벗어나 세상 또한 나에게 영향을 미친다는 것을 깨달아야 한다. 존재는 이러한 상호작용 안에서 나름의 삶을 영위할 수 있고, 이에 소외된 존재는 심각한 실존의 문제를 안게 된다. 집단적 삶의 형태인 공동체가 중요한 것은 이런 까닭이다.

심리학자 알프레트 아들러(Alfred Adler) 또한 공동체의 중요성을 강조했다. 인간의 모든 행동을 사회적 맥락의 기본 전제로 간주한 그는 인간은 개인의 문제를 넘어 사회 속의 공동체의 일원으로서 역할을 강조했다. 그래야 비로소 인간다운 삶을 영위할 수 있다는 것이다. 가령, 이탈리아 이민자들이 만든 1960년대 미국의 로제토(Roseto) 마을은 공동체의 관점에서 의미하는 바가 크다(Bruhn & Wolf, 1979). 이 마을 주민은 다른 마을처럼 술과 담배를 즐기고 비만도 많았지만, 심장병으로 사망하는 사람의 수가 유달리 적었다. 의학적으로 심장병 위험 인자가 많았음에도 심장병 사망자는 적게 발생했다는 사실에 관심을 가진 의사들이 여러 해 동안에 공동연구한 결과는 흥미롭다. 이 마을은 빈부에 따른 소비나 행동의 차이가 거의 없었고, 사소한 것에도 즐

로제토 마을

출처: https://www.huffingtonpost.kr/news/articleView.html?idxno=28724

거워했으며, 활기가 넘쳤다는 특징이 있다. 주민들은 서로를 신뢰하고 기꺼이 도움을 주었다. 말 그대로 마을은 하나의 공동체였다. 상을 당하면 전체가 나서서 가족처럼 위로했고, 아이만 남겨지면 공동으로 양육했다. 누군가 경제적으로 어려움에 부닥치면 돕는 것이 공동체의 당연한 역할이라고 생각했다. 한 가족에게 사소한 일이라도 축하할 일이 있으면 다 함께 모여 파티를 열었다. 공동체가 지닌 상부상조의 문화는 스트레스를 줄이고 삶의 활력소가 되었다. 의사들은 이런 환경이 심장병을 대폭 줄였을 것이라고 결론지었다.

아리스토텔레스나 아들러를 언급하지 않더라도 사회적 공동체는 인간의 근본적인 욕구다. 사회적 유대와 협력은 포식자와 적으로부터 보호받아 생존율을 높인다. 사회적 고립은 심리적, 신체적으로 와해되어 건강한 삶을 살기가 어렵다. 더구나 현대인은 과중한 업무와 경쟁으로 스트레스가 가중되어 심신이 피로한 상태다. 이런 상황에서 함께 더불어 사는 삶은 선택이 아닌 필수다. 인간의 뇌는 인간이 집단의 구성원으로 기능하도록 구성되어 있다. 인간은 혼자 있을 때조차 집단의 한 부분이 된다. 혼자서 음악을 듣거나 TV를 시청하거나 회의를 앞두고 자료를 정리할 때조차도 혼자라고 할 수 없다. 이때 에너지의 대부분을 다른 사람과의 유대 관계에 쏟고 있기 때문이다(van der Kolk, 2017).

로제토 마을의 예를 집단 공동체의 개념에 그대로 적용할 필요는 없다. 핵가족도 하나의 공동체이며, 개인이라도 반려동물이나 반려식물과 함께한다면 훌륭한 공동체가 될 수 있다. 도시의 공간, 아파트 공간은 공동체에 취약하지만, 물리적 공간과 상관없이 온라인을 통해 가치나 신념의 공유에 따른 새로운 형태의 공동체를 형성할 수 있다. 여기에 상상력과 창조력의 예술성을 곁들인 연극의 집단적 특성을 결합하면 화학작용을 일으켜서 커다란 시너지 효과를 일으킬 수 있다.

로제토 마을처럼 함께한다는 것은 자체로 즐겁고 삶의 활력이 된다. 코로나19로 사람들이 실내에 갇히게 되었을 때 코로나 블루라는 우울증이 생겨난 것은 만남과 집단 활동이 봉쇄됐기 때문이다. 전통적으로 농경사회였던 한국은 공동체의식이 강한 문화다. 이의 순기능과 역기능이 있기는 하지만, 우리의 전통사회

공동체연극 학교라는 공동체에서 학생들이 자신의 이야기를 직접 풀어놓은 공동체 연극

출처: https://ctlshows.com/wp-content/uploads/2022/01/34fa6a_74724fb3628a40b6959ad6a429b8fee4_mv2-768x467.webp

는 혈연과 지연 공동체를 통해 질서를 유지했다. 이 점을 잘 이해하고 연극의 집단성을 통한 공동체의식을 강화한다면 한국인의 삶의 질 향상에 매우 유용할 것이다.

집단성과 상호작용은 연극에서 흔히 나타나는 현상이다. 현대연극에서 상호작용과 집단성을 강조한 연극, 예컨대 "참여(participatory)연극, 상호(interactive)연극, 공동체연극, 복지연극, 계몽연극(theater for development), 교육연극(theater in education)" (Taylor, 2009), 그리고 과정연극, 연극치료 등이 활성화되고 있다. 이 참여형 공동체 연극은 건강한 집단을 형성하여 개인의 행복한 삶을 위해 연극이 공헌할 수 있는 지점을 찾는다. 누구나 손쉽게 참여할 수 있으며, 사회운동의 성격을 지닌 앞의 연극은 참여자에게 습관적인 사고에서 벗어나도록 하고, 소외된 자들을 대변하며, 사회문제를 적극적으로 제기하고, 마음을 위로하고 치료하고자 한다. 연극은 자체적으로 공동체 개념과 밀접한 예술이다. 혼자의 작업이 아닌 타인과의 밀접한 교감을 전제로 하는 연극은 만남과 관계의 장을 형성하는 공동의 작업장이다. 연극은 근본적으로 다양한 층위의 참여자와의 만남과 관계를 통해 창조되는 집단예술이다.

구체적으로 살펴보면, 첫째, 연기자와 역할의 만남이 있다. 연기자는 희곡을 통해 자신이 맡은 역할과 만난다. 연기자에게 역할은 단순히 텍스트 속의 인물이 아니다. 역할은 처음에 낯선 타자로 존재하지만, 점차 밀접한 관계가 되다가 어느 순간부터 동일시된다. 연기력이 출중하다고 인정받는 것은 어떤 역할이든 잘 소화해 낸다는 뜻이다. 연기자가 연기의 폭이 넓다는 것은 다양한 역할을 잘 연기한다는 의미다. 그렇지만 분명 연기자 개인에게 좀 더 편한 역할이 있다. 연기자는 외적 신체 조건과 목소리 또한 자기의 고유한 성격을 지닌 한 인간으로서 그와 잘 어울리는 역할이 있는 것이다. 따라서 연기자와 역할의 만남은 연기 수준에 영향을 미친다.

연기자는 연기자 이전에 개성을 지닌 한 인간이다. 그는 인간으로서 자신만의 고유한 과거와 환경, 유전 및 성격의 성향이 있다. 우연히 그의 성격과 극중인물이 잘 맞아떨어진다면 그의 연기력은 빛을 발할 것이다. 또한 연기자로서 어떤 역할에 대해 인생 최고의 연기를 펼쳤을 때 역할 변신의 어려움을 겪기도 한다. 가령, 채플린이 코미디에서 자신의 재능을 마음껏 발휘할 수 있었던 것은 외적인 조건 및 천성과 유관했기 때문이다. 그런데 채플린은 코미디 연기자로 이미지가 강하게 형성되었기 때문에 다른 장르의 역할을 맡았을 때 그 선입견에서 벗어나기가 쉽지 않다는 아이러니가 있다. 과연 그가 고대 그리스의 웅장한 비극의 주인공을 맡았다면 코미디처럼 명연기가 가능했을까? 명연기를 펼치더라도 관객은 이미지 변신을 쉽게 받아들이지 못했을 것이다.

연극치료도 마찬가지다. 연극치료에서 참여자-연기자와 역할 사이의 만남은 치료에 커다란 영향을 미친다. 따라서 치료사에게는 참여자에게 가장 적합한 역할이 무엇인지 스스로 파악할 수 있도록 도와야 할 임무가 주어진다. 역할의 선택은 참여자 본인이 할 수도 있고 치료사가 제시할 수도 있다. 어떤 경우든 연극치료 작업에서 참여자가 해결하고 싶은 문제를 촉진하는 역할과 제대로 만난다면 그만큼 치료의 성과는 높아진다.

둘째, 연기자와 연기자의 만남이 있다. 연기자와 연기자의 만남은 연습이 거듭됨에 따라 역할과 역할의 만남이 된다. 평소에 알지 못했던 사이라도 역할로 들어가면 우호적이고 밀접한 관계이거나 적대적인 관계로 거듭난다. 부부, 부모와 자녀, 친구 또는 적이 된다. 연기자가 역할의 대사를 외울 때 자기 대사만을 외우지 않는다. 상대역의 대사를 알아야 자기 대사의 타이밍을 잡을 수 있다. 재미있는 현상은 종종 연기자들은 자기 대사보다 상대역의 대사를 잘 기억한다는 것이다. 연극에서 반복적인 연습은 연기자의 관계가 역할의 관계로 재탄생하는 과정이다.

한편, 연기자와 연기자의 만남은 연출, 무대감독 등 여러 전문가와의 만남으로 확장된다. 종합예술인 연극을 완성하기 위해서는 다양한 분야의 예술가가 필요하다. 한 편의 공연을 완성하기 위해서는 연기자와 스태프 등 많은 사람의 협업이 필요하다. 예술가들은 주어진 영역에서 토론하고 비판하고 종합하여 연극을 완성한다. 작곡가나 화가나 시인이 보통 닫힌 공간에 칩거하여 자신의 세계를 담아낸다고 한다면, 여러 사람이 모여 작업하는 연극 현장은 시장 바닥처럼 시끄러운 소리가 끊이지 않고 감정 충돌도 잦다. 그렇지만 수천 개의 부속품이 결합하여 멋진 자동차가 완성되듯, 각 예술가가 상호 조화를 이룰 때 수준 높은 연극이 탄생한다. 만일 한 예술가가 자신의 예술 세계를 끝까지 고수하고 타협하지 않는다면 공연은 불가능하다. 이렇듯 여러 전문가의 참여와 협력으로 완성되는 연극은 상호 소통을 전제로 하는 관계의 예술이다. 다만 직장 같은 경쟁사회에서 감정이 상하면 앙금으로 남지만, 연극 창작에서 일어나는 이견이나 충돌은 공연이 마무리되었을 때 눈 녹듯 사라진다.

창조적 예술을 위한 대립은 일상에서 욕망의 충족을 위해 경쟁적으로 벌이는 감정 충돌과는 다르다. 예술 창작을 위한 집단 작업에서 참여자는 갈등과 화해, 분열과 화합을 경험하면서 의사소통 능력과 사회성을 향상하고 예술적 상상력을 더욱 확장할 수 있게 된다.

연극의 집단창작은 집단에서 필연적으로 생겨나는 심리적 갈등을 창조적 행위를 통해 감정의 응어리를 해소하고 더욱 성숙한 인간이 되도록 한다. 예컨대, 현대연극에서 위상이 높아진 연출가를 생각해 보자. 연출가는 극을 선정하여 분석하고 연기자를 캐스팅하며 무대에서 이를 어떻게 실현할 것인가를 고민한다. 하지만 예술적 소양 이전에 연출가의 미덕은 무엇보다도 인간관계에 있다. 연기자와 스태프 등 다양한 예술가가 하나의 목적을 위해 모이기는 했지만, 그들은 제각기 다른 생각을 하는 사람들이다. 연극 연습장은 갈등 요인이 내재되어 있으므로 언제든지 불거질 수 있다. 이들 집단과 긍정적인 관계를 맺고 이들이 조화를 이루도록 하는 것이 연출가의 몫이다. 연출가에게 예술적 창조력에 앞서 리더십이 요구되는 것은 이런 까닭이다. 집단 작업의 어려운 점을 극복하고 연극이 무사히 막을 내렸을 때 연기자와 스태프는 그간의 고생을 떠올리며 감정에 북받치곤 한다. 함께 고생한 만큼 치열했던 논쟁과 대립은 사라지고 친밀하고 끈끈한 관계가 형성된다. 예술의 집단창작은 작업 자체만으로 그치지 않고 집단성의 힘을 확인하는 장인 것이다.

연극치료에서도 연기자와 연기자의 만남은 중요하다. 연극치료에서 치료사 또는 참여자 모두는 연기자가 되므로 집단 자체가 연기자들의 만남이 된다. 이 점에서 연극치료 작업을 위해서는 우선 참여 집단의 성격 파악이 필요하다. 가령, 발달단계에 따른 초등학생, 청소년, 성인, 노인의 집단에 따라 치료기법이 달라진다. 여성인지 남성인지 혼성인지도 중요하고, 다양한 장애인 집단도 있다. 치료가 진행되는 동안에 집단은 함께 움직이며, 역할을 맡아 친구가 되거나 부모와 자식이 되거나 부부가 되거나 원수가 되기도 한다. 현실에서는 있을 수 없는 이러한 연극적 관계 맺음은 참여자에게 낯선 체험을 제공한다. 이는 곧 참여자가 이야기 속 역할들과의 만남을 통해 세상을 새롭게 조망하고 자기를 변화시킬 수 있다는 것을 의미한다.

셋째, 연기자와 관객의 만남이 있다. 연기자와 관객의 만남이 없다면 연극은 성립하지 않는다. 특히 연극의 집단적 성격에서 관객 집단은 중요하다. 그날 공연에 참여한 관객의 태도와 반응은 연극에 결정적이다. 영화나 TV 드라마의 연기자와는 달리, 연극 연기자는 관객의 반응을 몸소 체험한다. 관객의 시선, 숨소리, 그리고 탄식과 박수는 고스란히 연기자의 감정을 자극하고, 이 자극은 부메랑처럼 관객에게 영향을 미친다. 관객의 강력한 기운은 극 공간에 자장을 형성하여 연기자에게 영향을 주고, 이 에너지는 다시 관객에게 돌아온다. 연기자와 관객 사이에 에너지를 주고받음은 엄청난 파동을 일으키는 소용돌이처럼 순환된다. 에너지의 자장에 휩싸이면서 연기자든 관객이든 개별적 성격에서 벗어나 집단적이 된다. 처음에는 연기하는 자와 이를 바라보는 자로 구분되지만, 극이 진행되고 집단적인 에너지가 형성되면 누가 바라보는 자인지 구분이 불분명해진다. 연기자와 관객의 경계 허물기는 현대연극에서 더욱 강조하는 부분이다.

앞서 말한 것처럼, 연극치료에서 치료사와 참여자들은 연기자도 되고 관객도 된다. 참여자가 연기자가 되어 타인의 시선에 신체 전체를 노출하는 것은 자체로 어려운 일이다. 더구나 다른 참여자인 관객 앞에서 역할연기를 한다는 것은 굉장한 결심이 필요하다. 하지만 부담감을 이겨 내고 연기자로서 역할연기를 해낸다면 엄청난 성취감과 더불어 자신감도 상승한다. 더구나 공감이 물씬 묻어 있는 관객의 아낌없는 박수는 치료의 힘을 배가시킨다. 공간에 형성된 공감의 에너지, 타인에 의해 진정으로 인정받는 느낌은 집단성에 기반한 연극치료의 힘이다.

넷째, 관객과 관객의 만남이 있다. 관객의 반응은 연기자들에게 커다란 영향을 끼친다는 점에서 이 만남은 중요하다. 불신을 자발적으로 중지한 관객은 특수한 사람이다. 공모자로서 연극 공간이 만들어 내는 관객의 심리적 특수성은 일상에서는 찾을 수 없다. 이런 상태가 되면 일상에서 습관적으로 인식하고 체험하던 것에서 벗어나게 된다. 일상에서 빈 병은 그저 빈 병일 뿐이지만, 무대에서 입김을 불어 소리를 내면 악기가 되고, 못을 박으면 망치가 되고, 병 돌리기로 술래되는 놀이를 하면 훌륭한 놀이도구가 된다. 일상의 습관적인 시각에서 벗어나면 그 용기의 쓰임새는 무궁무진하다. 그만큼 의미가 다양해진다. 어디 사물뿐이겠는가. 무대라는 특수한 시공간에서 인간과 자연도 이와 같이 다양한 의미를 지닐 수 있다. 빈 병처럼 습관적인 시각에서 벗어나 응시하고 관계를 맺는다면 그의 진면목을 발견할 수 있다. 연극은 근본적으로 집단 작업이다. 연극치료 또한 집단치료를 선호한다. 특수한 연극공간에서 집단이 상호작용하게 되면 맹렬하게 주관적이던 시각에서 벗어날 수 있고, 주위 사람을 새롭게 바라보며, 그간의 관계 맺음이 얼마나 자기 위주로 일방적이었는지 깨닫게 된다. 관객은 처음에는 개별적이다. 공연장에 입장하는 관객은 동행인 경우를 빼고는 서로가 초면이다. 그런데 연극이 시작되면 그들 사이에 급속히 집단의식이 생겨난다. 옆 사람이 웃으면 웃고 울면 운다. 전체 관객이 웃는데 한 관객이 우는 것은 비정상이다. 전체가 바이러스에 감염된 것처럼 동일성의 집단 현상이 일어난다. 이것이 연극의 특징이다. 일상과는 전혀 다른 현상인 감정과 마음의 공유가 연극공간에서는 산불처럼 일어나 번진다. 관객의 이러한 심리적 공유는 연극적 '관례'라는 연극의 형성 요인이다.

한편, 현대연극에서 집단창작이 자주 언급된다. 연극의 집단창작은 극작가, 드라마투르그,[1] 연출가, 연기자가 개별적 역할

---

1) 드라마투르그(dramaturg)는 희곡을 분석하거나 각본을 담당하며, 연출에도 관여한다. 희곡을 무대화할 때 작가와 연출가와 함께 논의하면서 작품의 완성도를 높이는 데 일조한다. 대개 문학과 연극에 정통한 사람이 드라마투르그를 맡는다.

에서 벗어나 함께 무대에서 몸을 움직이면서 즉석에서 이야기를 만들어 내는 것으로, 개별적인 분업화가 아닌 즉흥적이며 통합적인 창작 방식이다. 집단창작에서 이야기 또는 동선을 조율하고 결정하는 과정에서 집단의 힘이 작용하는 것은 물론이다. 집단의 독특한 분위기와 에너지 등 그 특징은 개인 혼자서는 만들어 낼 수 없다. 식물의 군락은 한 그루의 식물과는 전혀 다른 의미를 생성하며, 한 마리의 동물은 떼 지어 이동하는 동물들의 감동적인 스펙터클(spectacle)을 절대 보여 줄 수 없다. 집단은 단순히 개인의 모음이 아니라 개개인이 모여 전혀 다른 형태와 에너지를 창출한다. 연극의 집단성은 창작 집단의 문을 통해 참여자 각자에게 새롭고 강렬한 기운을 전염시킨다. 연극이 지닌 다양한 층위의 집단성은 개인의 자아 탐색, 변화에 영향을 미치고 치유에 이르게 한다. 연극의 집단성은 거듭날 힘, 정화와 치유의 힘을 지니고 있다.

연극치료는 보통 개인 작업과 집단 작업으로 나뉜다. 하지만 연극치료를 굳이 개인치료와 집단치료로 구분해야 할까라는 의문이 든다. 연극에서 한 명의 연기자가 무대 전반을 이끄는 일인극이 있지만, 개인 작업이라고 하지 않는다. 연극 작업은 개인적일 수 없다. 관객 또는 스태프가 있기 때문이다. 인물이 독백을 읊조리는 일인극이라도 상상 속에서 누군가를 만나거나 적어도 분열된 자아 같은 타인을 전제로 한다. 이를테면 사뮈엘 베케트(Samuel Beckett)의 일인극 〈크라프의 마지막 테이프(Krapp's Last Tape)〉는 70세 생일을 맞은 크라프가 30년 전에 자신이 녹음해

이미지연극의 대가로 알려진 로버트 윌슨(Robert Wilson)이 2010년 내한하여 연출하고 직접 출연한 베케트의 〈크라프의 마지막 테이프〉 무대
출처: https://www.themusical.co.kr/Magazine/Detail?num=2064

놓은 테이프를 듣는다. 노인 크라프는 무대에 혼자 존재하지만 젊은 시절의 자기 목소리와 중첩되면서 그가 혼자가 아님을 보여 준다. 주인공은 현재의 목소리를 과거의 목소리와 중첩시키면서 현재의 자신을 깨닫는다. 연극의 집단성은 인간은 혼자가 아니며 혼자서는 살 수가 없고, 삶이란 누군가와의 관계로 이루어진다는 사실을 보여 준다.

연극에 기반한 연극치료 또한 예외 없이 집단치료라고 할 수 있다. 드라마는 본질적으로 집단적 경험이며, 그것은 참여자가 두 사람뿐일 때에도 마찬가지다. 따라서 연극치료 역시 언제나 집단적 현상이 되는 것이다. 여기서 두 사람의 참여자란 치료사와 참여자를 의미한다. 연극치료는 그 특성상 두 사람의 참여자가 단지 둘이라는 개체에 머물지 않고 각기 다양한 역할을 소화함으로써 무수한 참여자를 만들어 낸다. 극적으로 구성된 다른 과정과 마찬가지로 연극치료 역시 그만의 관객을 불러낸다. 그뿐만 아니라 인원이 모자라면 비록 보이지도 않고 들리지도 않지만, 집단의 어엿한 구성원 역할을 맡아 줄 수 있는 또 다른 연기자를 만들어 낼 수도 있다(Andersen-Warren & Grainger, 2009). 보이지도 들리지도 않는 구성원이란 상상 속의 인물이거나 다중 역할로 새롭게 창조된 인물이다. 연극치료에서 보조 역할로 흔히 사용되는 가면, 인형 등의 투사물은 다양한 역할 창조를 위한 오브제다.

연극치료는 이러한 연극의 집단성을 활용하여 치료의 효과를 강화한다. 집단이 모여 이야기를 만들고 몸으로 체현하는 과정은 개인의 이야기와 연관되어 영역이 더욱 확장된다. 치료사와 참여자가 어울려 행위하고 바라보며 격려하는 집단은 자체로 에너지가 활성화된다. 연극치료가 힘을 발휘하는 강력한 방식 중 하나는 집단의 이야기를 창조하는 데 있다. 집단의 이야기는 현장에 있는 모든 사람의 개인적인 역사를 토대로 구성된다. 사람들은 집단의 이야기 속에서 특별한 시공간에 있는 듯한 느낌을 받는다. 치료사는 참여자의 개인적인 이야기를 관계 속에 들여놓음으로써 더욱 광범하고 포괄적인 집단 이야기로 펼쳐 낸다. 참여자는 집단의 확장된 이야기로부터 자신의 언행을 돌아볼 용기와 영감을 얻고, 개인의 과거 경험에 대한 피드백도 제공받는다. 이것이 연극치료가 연극이 지닌 집단성에 주목하는 이유다.

마르틴 부버(Martin Buber)는 『나와 너(Ich und Du)』에서 인간에게 타인은 꼭 필요한 존재임을 언급했다. 타인 없이는 자신을 알 수 없으며, 관계를 통해 비로소 태어나고 성장하고 완성되어 가는 것이 인간이라는 것이다. 그런데 연극과 연극치료는 참여자를 잉여물일 뿐인 즉자(en soi) 대신 타인과 동등한 관계를 형성하는 대자(pour soi)로 전환하게 하는 힘이 있다. 연극에서 연기자와 관객은 피차 에너지를 주고받으며 에너지가 솟구치는 현상이 나타난다. 극 공간에서 모두는 상호 관계 속에서 대자로 거듭난다. 이러한 연극의 특징을 실제 임상에 적용한 것이 연극치료다. 연극치료의 참여자는 역할 속의 다양한 만남을 경험하면서 자신의 모습, 태도, 행동을 거울에 비춰 보듯이 알아차리게 된

마르틴 부버(Martin Buber)는 오스트리아 출신의 유대계 종교철학자다. 나치의 유대인 박해로 독일에서 피난하여 여러 나라를 전전하였다. '나와 너'의 관계를 기조로 한 인격주의적 철학은 실존주의와 함께 제1차 세계대전 후 유럽과 미국의 기독교 신학과 철학, 정신의학계에 깊은 영향을 끼쳤다.

출처: https://jayshams.medium.com/what-kind-of-zionist-was-martin-buber-a1bb7c4863c

다. 연극치료는 자유로운 관계 맺음과 대자가 되기 위한 예행연습이라고 할 수 있다.

그런데 현실의 집단은 진정한 의미의 공동체와 거리가 멀다. 현실에서는 정치, 경제, 지식 등의 상황에 따라 집단이 분리된다. 강남과 강북이 분리되고, 우파와 좌파가 분리된다. 범죄자 또는 정신병자를 분리하여 수감한다. 학교나 직장에서도 집단따돌림이 성행한다. 이처럼 분리를 통해 승자의 기분을 만끽하면서 자신의 가치를 증명하려는 집단은 진정한 의미의 공동체라고 할 수 없다. 남을 밟아야 내가 승진하는 집단은 협동의 공동체가 아니라 투쟁적 관계다. 그렇다면 로제토 마을과 같은 진정한 공동체는 어떤 모습이어야 하는가.

여기서 공통 감각(common sense)에 기초한 집단을 떠올릴 수 있다. 철학사에서 오랜 역사를 지닌 공통 감각은 모든 감관에 공통되는 감각으로 상식을 뜻하다가 이마누엘 칸트(Immanuel Kant)에 이르러 타인의 입장에서 사유할 수 있는 능력, 즉 공감 능력으로 확장된다. 공감 능력을 의미하는 이 공통 감각은 진정한 공동체의 토대가 된다. 공감 능력이 탁월한 사람들의 집단은 분리와 갈등 조장을 통해 결속력을 강화하는 현실의 집단과는 다르다. 그런데 티끌 만한 불신도 없는 연극 공간이야말로 공통 감각이 완벽하게 형성된 곳이다. 가령, 비극에서 카타르시스가 절정에 이르는 순간 공포와 연민의 감정을 느끼는 관객 사이에서 나와 너의 구분이 사라진다. 전체가 공통 감각을 지닌 극적 공간은 단 한 명의 소외된 자도 없는, 현실과는 전혀 다른 형태의 집단으로 거듭난다. 연극을 치료의 매체로 사용할 수 있는 근본적인 이유 중 하나는 이렇듯 이곳에서 공통 감각이 재현되기 때문이다.

극적 공간에서 공통 감각을 형성한 이들은 '나눔'의 이중적 의미를 실천하는 기묘한 집단이다. 분할(division)과 공유(sharing)를 동시에 의미하는 나눔을 행하는 집단은 개별적인 개인이 모여서 전체적인 공통 감각을 지닌 공동체다. 연극치료에 참여한 사람들은 대개 분할에 희생당한 사람들이다. 그러나 연극치료가 진행되고 공통 감각을 형성하면서 점차 분할의 나눔은 공유의 나눔으로 변모한다. 이렇듯 참여자가 자발적인 참여로부터 진정한 나눔을 경험하는 것, 이것이 연극치료의 근본이다. 연극의 독특한 나눔의 집단성에 초점을 맞춘 연극치료에서 치료사와 참여자는 어울려 행위하며 바라보고 격려하면서 어느덧 치료의 길로 접어든다. 이는 연극치료가 연극의 집단성에 주목하는 이유다.

4) 연극의 종합성

연극은 예술을 종합적으로 아우르는 종합예술이다. 한 편의 연극을 공연하기 위해서는 여러 예술 장르의 통합이 요구된다. 연극에는 문학, 음악, 건축, 미술, 의상, 디자인, 무용, 동작, 영상 등 다양한 예술이 복합적으로 혼용되어 있다. 이들 예술이 고유의 영역에서 효과적으로 생성되고 상호 간에 조화를 이룰 때 공연의 완성도는 더욱 높아진다. 예술의 종합성은 현대의 흐름이기도 하다. 각 예술 장르의 고유하고 단단했던 벽은 허물어지고 크로스오버(cross-over) 현상이 두드러진다. 우리는 다음을 자유롭게 상상할 수 있다. 가령, 미술치료에서 조명을 활용하면 어떨까? 또는 가면을 활용하면 어떨까? 분위기나 맥락에 적절하게 사용된 조명이나 가면은 집중력을 높이거나 분위기를 힘껏 고조시킬 것이다. 미술치료 현장에서 조명뿐 아니라 음향을 곁들여도 색다른 치료 효과가 나타날 것이다. 미술치료에서 중요하게 생각하는 선과 색의 형상화는 그것만으로 가치가 있지만 이를 표현하기 위한 얼굴 표정, 동작이나 움직임 역시 중요하다. 미술치료가 다양한 예술 장르와 어울릴 때 그 효용성이 더 풍성해질 수 있다는 것은 통합예술치료가 갖는 힘을 보여 준다.

연극치료는 예술치료를 종합한다. 연극치료 참여자는 시를 쓰고 이야기를 창작한다. 전해져 내려오는 이야기를 각색하고 분석하여 치료의 소재로 삼는다. 명상, 호흡, 발성, 움직임은 기본이며, 신나는 놀이에 참여하기도 한다. 또한 그림 그리기, 색칠하기, 가면이나 인형 만들기는 물론 찰흙도 빈번하게 사용한다. 노래 부르기나 연주하기도 빠지지 않는다. 참여자의 성향이나 분위기에 따라 다양한 매체를 사용할 수 있는 것이 연극치료다. 이것이 연극치료사가 예술 매체의 효용성을 인지하고 있어야 하는 까닭이다. 연극치료가 지닌 예술의 종합성은 치료사가 관여해야 할 영역이 넓다는 어려움에도 불구하고 치료 기법이 무궁무진하다는 점에서 커다란 장점으로 작용한다.

출처: https://www.concordia.ca/academics/graduate/drama-therapy.html

출처: https://www.verywellmind.com/what-is-drama-therapy-2610360

출처: https://lesley.edu/news/treating-eating-disorders-with-drama-therapy

다양한 연극치료의 장면

2 연극치료의 정의

지금까지 살펴본 연극의 특성을 기반으로 한 연극치료를 정리해 보자. 연극치료는 연극(theatre)과 치료(therapy)가 결합한 단어로서 연극의 특징을 기반으로 하는 치료다. 음악치료나 미술치료가 음악이나 미술이라는 예술 매체를 치료 목적으로 사용하는 것처럼, 연극치료는 연극을 매체로 치료한다. 인간의 본성과 밀접한 연극은 삶에 깊은 울림을 주는 예술인 까닭에 연극과 치료의 만남은 큰 의미가 있다. 무대의 배우와 객석의 관객 사이의 어울림, 나아가 공동 참여자로 변화시키는 연극은 자체로 치료 효과가 있다. 음악을 듣거나 시를 읊으면서 마음의 위로를 얻듯이, 연극을 관람하거나 실제로 공연하면서 커다란 위로를 받곤 한다. 그런데도 연극에 치료를 덧붙여 연극치료라고 일컫는 이유는 연극의 치료적 기능을 좀 더 확장하고 이에 초점을 맞추겠다는 의도다. 연극의 관객이 입장료를 내고 시간을 쪼개어 공연장을 찾는 이유가 즐거움을 찾고 감동하면서 자신을 뒤돌아보고 위로를 받기 위한 것이라면, 연극치료를 찾는 참여자는 삶 또는 대인관계에서 생겨난 불안, 심리적 · 정신적 문제, 억압받고 상처받은 마음을 치료받기 위함이다.

한국연극치료협회(https://www.kadt.or.kr)에서는 “연극치료는 예술치료의 한 분야로, 연극심리상담사(연극치료사)가 참여자의 심리적 문제나 장애를 치료하기 위해 연극 활동을 매개로 사용하는 것"이라고 정의한다. 연극치료는 연극치료사가 참여자의 심리적 문제나 장애를 치료하는 것을 목적으로 하며, 치료에 있어 연극을 매개로 사용한다. 또한 연극치료는 육체적 · 정신적 문제를 스스로 치료하도록 도우면서 참여자의 자발성을 강조한다. 연극을 통해 극적 상상의 세계와 집단 예술 작업을 경험하면서 자연스럽게 사회적 상호작용, 의사소통 능력, 상상력의 잠재력 가능성을 표출하고 변화와 치료에 이를 수 있다는 것이다.

영국연극치료사협회(https://badth.org.uk)에서는 연극치료를 다음과 같이 정의한다. "연극치료는 치료과정으로 드라마와 연극의 치유적 측면을 의도적으로 사용하는 것에 초점을 맞춘다. 창조성, 상상력, 학습, 통찰력과 성장을 용이하도록 행동을 활용하는 작업 방식이자 놀이 방식이다." 또한 "증상 완화, 정서적이고 신체적인 통합, 개인적 성장이라는 치료 목표를 성취하기 위해 드라마와 연극 과정 및 관련된 기법을 의도적으로 사용하는 것이다"(Jennings et al., 2010). 이 정의를 보면 연극치료의 주된 목표는, 첫째, 참여자의 정신적 · 심리적 문제의 증상을 완화하는 것이다. 둘째, 정서적이고 신체적인 통합으로서 감정과 몸의 상태를 스스로 조절하여 통합시킬 수 있는 능력을 기르도록 하는 것이다. 말하자면 자기조절능력을 몸에 익혀서 원만한 사회생활을 하도록 하는 것이다. 셋째, 참여자가 창조성, 상상력, 통찰력을 길러 성숙한 자기를 갖도록 함으로써 개인을 성장하게 하는 목적이 있다. 즉, 이야기와 움직임이 있는 예술, 상황에 맞게 짜인 이야기 속에서 몸과 그 움직임을 활용하는 연극을 의도적으로 사용하는 것이 연극치료라는 것이다.

한편, 데이비드 존슨(David L. Johnson)은 연극치료는 다른 예술치료(미술, 음악, 무용)처럼 창조적 매체를 심리치료에 활용한 것이라고 언급했다(Landy, 2002). 제닝스(Jennings, 2003)는 "연극치료는 임상 기관, 교정 시설, 지역사회 환경에서 고통받거나 건강하지 못한 사람들에게 연극예술을 적용하는 것"이라고 정의하면서 연극이 본래부터 지닌 치료 효과를 중시하고, 정신건강과 관련해 연극이 예방적이라면 연극치료는 치료적이라고 말했다.

연극이 자체적으로 사람들이 개인과 집단으로서 긍정적인 태도와 보다 성숙한 지각을 견지하며 문제를 해결할 수 있도록 돕는 변형의 매체라면, 연극치료는 병들고 장애가 있고 상처받은 사람들에게 변화의 매체로서 기능한다. 제닝스는 연극치료에서 연극과 관련된 요소들, 움직임, 목소리, 춤, 연극, 게임, 역할연기, 즉흥극, 텍스트 작업, 꼭두 인형, 가면 등을 참여자와 상황에 따라 선택적으로 적용한다.

한편, 존스(Jones, 2005)는 "연극치료란 치료 형식의 드라마"라고 언급했다. 이 정의는 상당히 파격적이다. 연극치료를 일종의 드라마로 정의하고 있는 이 짧은 단언에는 연극 자체를 치료의 차원으로 끌어올리고 있다. 종합하면 연극치료는 연극을 매체로 참여자의 심신 안정 유지에 도움을 주고, 의사소통 기술을 향상하여 대인관계를 원활하게 하며, 정신병리적 현상을 완화하고 개인의 성장에 관심을 둔다.

일선에서 초 · 중 · 고 학생을 대상으로 교실에서 연극치료를 하는 치료사는 교육연극인지 연극치료인지 혼동하는 때가 이따금 있다. 그런데 앞의 정의처럼 연극치료의 초점은 전적으로 치료에 있으며, 교육연극은 교육에 초점을 둔다는 원칙만 알고 있으면 혼동할 염려가 없다.

제3장

연극과 연극치료 만나기

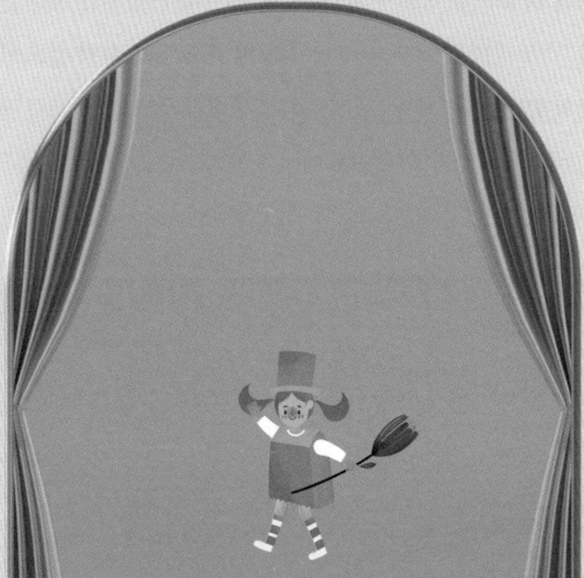

연극을 알면 더욱 쉽게 연극치료에 접근할 수 있다는 전제에서 앞서서 연극의 정의를 살펴보았다. 이제부터는 본격적으로 연극의 기원, 연극의 4요소를 파악하여 이를 기반으로 연극치료의 개념을 밝히고자 한다. 보통 연극의 기원에는 제의 기원설, 스토리텔링 기원설 그리고 모방 본능 기원설이 있으며, 연극의 4요소에는 배우, 관객, 희곡, 무대가 있다. 연극의 기원과 연극의 4요소가 연극치료에서 어떻게 만나는지 구체적으로 살펴보자.

1 연극의 기원과 연극치료

연극은 언제, 어떻게 생겨났는가? 누구한테도 배운 적이 없는 어린아이가 흥얼거리는 소리를 내거나 벽에 낙서하는 것을 보면 음악과 미술 같은 예술은 본성임이 틀림없다. 예술의 기원이 인류의 기원과 같다는 것을 부정할 사람은 없다. 연극도 마찬가지다. 그렇다면 본성으로서 인류와 함께 있어 온 연극은 어떻게 생겨났을까? 흥미로운 것은 연극의 기원을 찾다 보면 자연스럽게 연극이 지닌 치료성과 만난다는 것이다. 연극치료는 어느 날 불쑥 생겨난 것이 아니라 연극의 특징 중 그 유전자를 씨앗 속에 고스란히 간직했다가 적절한 환경이 조성되자 싹을 틔운 것이다. 일반적으로 연극의 기원은 원시종교의 제의, 이야기하기(storytelling), 모방(mimesis) 본능에서 찾는다.

1) 연극의 제의 기원설과 연극치료

잠시 눈을 감고 먼 과거로 돌아가 보자. 동물과 다를 바 없는 상태로 공동체의 삶을 살았던 원시인들을 상상해 보자. 그들의 삶은 대부분 먹을거리를 구하는 수렵의 시간으로 채워졌다. 야생의 상태에서 공동으로 살아가던 원시인에게 자연은 먹거리를 제공하는 터전인 동시에 경외의 대상이었다. 자연은 생명 유지에 필요한 모든 것을 제공하면서도 이따금 이해할 수 없는 무서운 모습을 보였다. 대지를 촉촉이 적시는 비는 생명수이지만 엄청난 폭우가 쏟아지거나 너무 오랫동안 비가 내리지 않아 고통을 주었다. 커다란 천둥소리와 벼락이 내리치고 산불이 일고 땅도 갈라졌다.

자연은 삶의 보금자리이자 두려움의 존재였다. 먹거리를 찾기 위한 수렵 활동은 언제든지 목숨을 잃을 수 있는 위험한 활동이었다. 온갖 위험이 도사린 자연에서 사냥은 즉흥적, 우연적, 직관적으로 이루어졌다. 사냥이 성공하는 날에는 실컷 먹을 수 있지만, 그렇지 않으면 굶어야 했다. 이러한 척박한 환경에서 위험에

제의 행위

출처: https://cdn2.opendemocracy.net/media/images/NikiSethSmith6_oPnImY6.max-760x504.jpg

서 보호받고 풍요로운 사냥감을 얻고자 원시인들은 거대하거나 예기치 않은 자연물 앞에서 제의 행위를 벌이며 풍요와 건강을 기원하였다. 그런데 어느 날 사냥을 떠나기에 앞서 커다란 바위 앞에서 기원 행위를 벌이고 우연히도 다친 사람 없이 먹이를 풍족히 포획했다고 가정해 보자. 그들은 이 모든 것이 제의 행위 덕택이라고 굳게 믿고, 사냥에 앞서 꼭 거행해야 하는 의식으로 굳어졌을 것이다. 이렇듯 제의는 사냥을 떠나는 남자들에게는 물론 남아 있는 여자와 아이들에게도 정신적 위안을 주는 치료적 행위였다.

정치적 수반과 종교적 수반이 구분되지 않았던 원시시대에 정치적 · 종교적 수반인 우두머리(촌장이나 추장)–주술사(샤먼)는 연극적 관점에서 본다면 배우에 해당한다. 부족을 이끄는 그는 신성한 분위기를 돋우기 위해 커다란 고목이나 바위 같은 특정한 장소(무대)에서 제의를 거행했으며, 권위를 표현하기 위해 얼굴에 칠(분장)을 하거나 가면을 쓰고 고유하고 화려한 의상을 착용했다. 또 악기(음향)에 맞춰 노래하거나 무엇인가를 읊조리며(대사) 춤을 추거나 다양한 몸짓(연기)을 펼쳤다. 여기에 참석한 부족들은 관객에 해당한다. 이들 우두머리–주술사는 신성한 분위기 속에서 자연과 교감하는 초자연적 능력을 보여 주어야 했다. 이를 위해 그는 노래와 율동과 색을 조합한 일정한 형식 속에서 부족을 환각의 상태로 이끌 수 있는 플롯을 만들어 냈다. 도입과 전개, 클라이맥스와 대단원이라는 드라마의 플롯을 엄밀하게 실천하여 부족–관객을 황홀경의 상태로 이끌었다.

먼 과거를 상상하지 않더라도 현재 우리에게 이러한 모습은 여전히 남아 있다. 원시종교 형태인 굿은 여전히 건재하며, 치료사(또는 상담사) 역할을 하는 샤먼의 존재는 현재에도 많은 관심의 대상이다. 이들은 환자를 치료하기도(치료한다고 주장하기도) 하고 상담자의 역할을 함으로써 여전히 내담자 혹은 환자들에게 적지 않은 영향력을 행사한다. 현대 종교에서도 연극적 요소를 발견할 수 있다. 현대 종교의 성스러운 재단은 무대이며, 신도-관객을 인도하는 성직자의 모습은 전체적인 맥락에 어울리는 의상과 헤어 스타일을 한 배우와 다를 바가 없다. 더구나 음악이라든지 공간의 적절한 사용은 무대를 더욱 신비롭게 만든다. 의식의 진행은 전적으로 클라이맥스를 향해 나아가고, 가장 거룩한 순간에 이르러 신도들의 심금을 울리며 대단원의 막을 내리는 플롯을 지니고 있다.

많은 신앙인은 이러한 종교의식에서 원시인들이 그랬듯이 자신의 믿음을 더욱 굳건히 하고, 그로부터 마음의 평안과 위안을 얻는다. 이렇듯 원시나 현대에서 종교적 제의는 그 형식과 내용에 있어 연극적 요소가 풍부하다. 원시시대에 함께했던 제의와 연극이 언제 분리되었는지 정확히 그 시점을 알 수는 없으나 과거의 제의에서 연극이 시작되었다는 제의 기원설은 상당한 개연성이 있다.

(2) 연극의 제의 기원설

연극의 원시종교 기원설은 연극치료에서도 중요하다. 두려움으로부터 해방시키고 위로를 주어 사냥의 전사로서 거듭나게 한 제의는 여전히 불안 속에 사는 현대인에게 똑같이 적용될 수 있다. 제닝스가 연극치료는 제의적 형식을 본받아야 한다고 주장한 것도 이러한 맥락이다. 제의적 행위로부터 안정감과 일체감을 얻으려고 했던 원시인들의 연극에 대해 제닝스(Jennings, 2003)는 이렇게 말했다. "알려지고 익숙한 것, 안전한 것을 표현하는 것만큼이나 중요한 것이 연극의 제의적인 부분이다." 제의는 집단에게 동질성을 주고 또 새로운 동질성을 발견하게 하는 틀을 마련해 준다.

연극이 제의 양식과 비슷하다는 사실은 연극이 집단 관객을 흡입할 수 있는 요소가 풍부하다는 것을 의미한다. 한마디로 제의는 연극적이고, 연극은 제의적이다. 도취의 상태에서 일상의 규범에서 벗어나 원시적이고 본능적으로 움직였던 원시 연극은 일상에서 벗어나 자유로움과 해방감을 만끽하도록 하는 예술 행위였다. 플라톤(Plato)이 연극(비극)이 마약처럼 젊은이들의 이성을 잃게 하고 위험에 빠트릴 수 있다고 주장한 것은 연극이 지닌 일탈성과 자유 정신을 알아보았기 때문이다. 반대로 논리적 개념과 문명을 타파하고 디오니소스적이고 제의적 · 원시적인 연극을 주장했던 앙토냉 아르토(Antonin Artaud)가 소위 농경문화 이후에 문화의 개념에 찌든 심리적 연극을 없애야 한다고 주장한 이유는 문화적이고 시사적인 연극이 그 원초성과 자유를 상실했다고 보았기 때문이다. 그는 인간에게 해방감을 안겨 주고 이성과 논리에서 벗어나며 사회의 규약에서 완전히 자유로워질

앙토냉 아르토는 잔혹연극을 주장한 앙토냉 아르토는 20세기 실험극의 선구자로 간주된다. 그의 잔혹연극 이론은 저서 『연극과 그 이중(Le Théâtre et son double)』에 잘 드러난다.

수 있게끔 하는 제의연극이야말로 가장 이상적인 연극이라고 강조했다.

그러나 인류가 문명화될수록 원시적 성격의 제의는 설 자리가 좁아졌다. 과거 인간은 신의 음성을 들을 수 있었지만, 문명인이 되면서 그런 능력이 사라졌다. 신탁(oracle)을 이해하는 사람은 극소수에 불과하게 되었다. 신의 음성을 듣고 생로병사를 관장하던 샤먼은 뒤로 물러서고, 그 자리를 과학적 지식을 갖춘 의사나 종교 지도자 혹은 전문 상담사가 차지했다. 그들은 주술 대신 과학적 산물인 청진기나 전문 검사지를 활용한다. 새 생명의 탄생에서 시작되는 백일잔치, 돌잔치, 생일잔치, 성인 의식, 결혼식, 환갑잔치, 장례식 등 성장 과정에서 단계적으로 행해지던 제의적 행사들의 의미도 쇠퇴했다. 현대문명의 특징은 간편화, 파편화, 개인화다. 일가친척들이 모여 집안의 고유한 행사로 치르던 중요한 의식들이 점차 약화되었다. 제의의 퇴조는 드라마의 퇴조를 의미한다. 샤먼의 권위 상실은 배우의 권위 상실과 통한다. 이런 현상을 바라보며 제닝스와 동료들(Jennings et al., 2010)은 "우주와 그 속에서 우리의 자리를 이해하기 위해 제의와 상징의 중요성을 다시금 일깨워야 하지 않을까?"라고 질문했다. 잃어버린 제의성을 아쉬워하는 것은 의사 앞에서 수동적인 태도로 묵묵히 처방전을 받아야 하는 환자가 안타깝기 때문이다. 의사와 환자의 면담은 판에 박힌 간단한 몇 마디가 전부가 되어 버렸고, 상담에서 중요한 것으로 언급되는 공감과 소통은 온데간데없다. 인터넷과 매스컴 덕택에 병과 약에 대한 지식이 풍부해진 환자의 입장에서도 의사와의 면담은 처방전을 얻기 위한 수단에 불과하다. 현대적인 의료시설을 갖춘 병원에서 샤먼들이 사용하던 은유와 상징은 사라진 지 오래되었고, 의사의 형식적인 질문, 검사실에서 실시하는 각종 검사만 남아 있다. 인간성은 사라지고 과학만 남아 있는 곳, 이것이 첨단의 의료기기를 갖춘 대형 병원의 단면이다.

제의에 대한 견제는 늘 있어 왔다. 제의는 집단적 혹은 개인적 형태로 줄곧 존재해 왔지만, 지배층의 견제도 잇달았다. 강렬한 제의의 힘을 의식한 지배층이나 과학적 사고 집단은 제의에서 상징적인 것과 구체적인 것, 인지적인 것과 신체적인 것을 분리시켜서 연극적 제의의 영향력을 통제하고 완화하려고 노력했다. 연극도 마찬가지다. 연극의 대중적·제의적 측면을 알아본 로마의 가톨릭과 영국의 청교도는 연극을 금지한 바 있으며, 지그문트 프로이트(Sigmund Freud)나 카를 마르크스(Karl Marx)는 종교와 제의를 싸잡아 비난했다. 그들은 독실한 신앙과 제의는 소망 충족의 환영과 아편이라고 비난했으며, 무의식과 실험과 과학이 우위에 서야 한다고 주장했다.

현대인에게 제의와 상징의 중요성을 일깨우자고 한 제닝스는 샤먼의 세계, 은유와 상징의 세계, 드라마의 세계로 파고들어 가서 현대문명이 뿜어낸 석면 같은 유해물질을 정화해야 한다고 강조했다. 제의의 관점에서 은유와 상징을 사용하는 연극치료는 미메시스(mimesis)와 포이에시스(poiesis)의 영역에 해당한다. 몸짓을 모방하는 미메시스는 몸의 상상력이 되며, 시(詩)의 제작을 뜻하는 포이에시스는 언어적 상상력이 된다. 미메시스와 포이에시스의 두 영역은 상상력으로 행동과 말을 만들어 낸다. 연극치료는 상상력을 극대화하여 극적 행동과 언어를 창조하는 종합적인 예술치료다. 연극치료는 행동으로 체현하고, 음성으로 표현하며, 이미지로 투사하거나 연극화하는 치료인 것이다.

(2) 연극치료와 제의

인간은 종교에서 위안을 얻는다. 종교를 통해 양심의 가책에서 벗어나며 죄지은 것을 용서받고 건강하고 긍정적인 미래를 꿈꾼다. 산다는 것은 죽음을 향해 나아가는 것이지만 종교 덕분에 죽음을 극복할 수 있다고 믿기도 한다. 원시뿐 아니라 현재에도 세계 곳곳에서 행하고 있는 제의는 원시종교와 의료행위를 종합하여 실천하는 무속신앙으로서 연극의 기원으로 간주된다. 연극치료가 곧 제의는 아닐지라도 치료행위에 있어서 제의 형식을 참조할 수 있다. 어니스트 커비(Ernest T. Kirby)는 제의를 연극의 기원으로 간주하고 인류학적 관점에서 제의를 연구하여 연극의 특성을 언급했다. 커비가 연극적 관점에서 언급한 제의의 정의는 다음과 같다. 첫째, 제의를 행하는 주술사는 일종의 배우다. 둘째, 주술사의 제의는 환자의 치료를 목적으로 한다. 셋째, 주술사는 황홀경 상태에서 제의를 행하는데, 황홀경이란 접신과 관련된 정신적 · 신체적 상태다. 주술사는 제의의 수단에 의해 환자를 치료할 목적으로 황홀경 상태에서 행하는 정령들의 주인이다. 넷째, 제의는 일종의 연극 행위다. 치료를 위한 제의를 전적으로 연극 행위로 보는 커비의 관점은 실은 연극치료에 접근하는 것이다.

한편, 연극에서 제의와 연대할 수 있는 대표적인 연극인은 제닝스가 참고한 아르토다. 그는 연극을 통해 스스로 일종의 심령술사 혹은 주술사가 되고자 했고, 연극을 혼령을 불러내는 굿판으로 만들고자 했다. 아르토는 연극은 마치 마귀를 쫓는 의식의 새로운 형태와 흡사하다고 하면서 발리연극(le théâtre balinais)과 샤먼의 푸닥거리를 유사한 것으로 간주하였다. 귀신 들린 환자를 정화하기 위해 환자의 몸속에 들어 있는 귀신을 주술사 자신의 몸으로 불러들이는 방식에서 귀신과 한 몸이란 신들림의 또 다른 형태로 혼연일체, 현실과 비현실 사이의 정신적 왕래, 완벽한 합일, 절대적 통일 등이 될 것이다. 제의의 연극과 잔혹연극에서 연극치료의 가능성을 찾은 제닝스는 치료사나 참여자의 역할이 현실에서 다른 현실로, 다시 본래 현실로 이동하거나 통행을 돕는 데 있다고 말했다. 소위 현실과 비현실 사이의 문턱을 넘는 데 제의적 형식은 매우 유용하다. 치료사는 무아경이 존재한다는 믿음 속에서 참여자에게 현실과 비현실을 왕래하도록 하여 궁극적으로 정화된 현실에 안착하도록 돕는다.

제의에서 비현실은 (귀)신의 세계 또는 사자(死者)의 세계일 것이다. 연극치료 또한 현실과 비현실 사이의 왕래로 이루어진다. 연극치료에서 웜업, 역할 입기와 역할 벗기 같은 다양한 방식으로 안내된 참여자는 극적 세계로의 몰입과 현실 귀환이라는 왕래를 통해 자아 탐색과 변화를 꾀한다. 참여자의 변화란 치료를 위해 꼭 필요한 것으로, 신도(환자)가 제의로부터 심리적으로 안정되고 치료되는 것과 다르지 않다. 제의와 연극치료의 구체적인 공통점으로 연극성과 집단성, 그리고 일탈과 체현을 들 수 있다.

(3) 제의의 연극치료에서 연극성

제의는 연극적이며, 연극치료 또한 연극적이다. 연극은 제의와 연극치료에서 공통분모다. 제의의 연극치료를 염두에 둔 치료사라면 제의의 형식은 물론이고, 주술사의 연극적 언어와 몸짓, 주술사의 황홀경 상태와 참여자들과의 관계 설정에 주목해야 한다. 제의의 연극치료에서 연극성은 어떤 방식으로 수용되는가?

첫째, 사람과 관련된 것이 있다. 연극에서 사람은 연출가를 비롯한 스태프가 있고, 무대에 직접 모습을 드러내는 배우가 있으며, 그들과 마주하는 관객이 있다. 현대연극에서 무대 예술은 전문화되어 각종 무대 예술가로 세분되어 있으나 크게 연출의 범

주로 포함할 수 있다. 즉, 연출가는 연극의 모든 것을 감독하고 지휘하는 자로서 배우를 조련하고 인물과 성격을 부여한다. 실험극에서 연출가는 신적인 존재로 군림하거나, 공동연출에서 연출가의 존재 자체가 아예 없기도 하지만, 연극치료의 관점에서 연출가-배우를 하나로 묶어 주체자로 볼 수 있다. 연출의 창조적 예술성이 교묘하게 덧입혀져서 독창적인 연기 세계를 창출하는 배우는 관객의 눈앞에 몸으로 현현하기 때문에 제의를 거행하는 주술사 또는 치료사나 적극적인 참여자인 동참자와의 대응이 가능하다.

이렇듯 연극의 관객은 연극치료에서 참여의 정도에 따라 대상자나 참여자, 나아가 동참자가 되며, 그 목표는 놀이, 교육, 감정의 정화 그리고 변화와 치료가 된다. 제의에는 신과 주술사, 환자(신도), 그리고 관중이 있다. 주술사가 접신 상태에 이를 때 신과 일심동체가 되므로 주술사-신은 치료사가 되며, 대상자는 환자(신도)가 된다. 제의의 관객은 환자(신도)의 가족과 지나가는 사람에 이르기까지 그 구성원이 다양하다. 제의의 실제에서 조연들의 도움은 물론이고, 환자(신도)와 관중의 적극적인 참여가 요구된다.

제의의 연극치료에서 신적 존재는 치료사와 참여자 사이에서 공감대로 형성된 무의식적 소망, 영적인 믿음, 신념 등으로 대체되기도 한다. 연극치료에서 사람은 연극치료사와 참여자로 크게 나뉜다. 그런데 연극치료 행위가 이루어지면서 참여자는 직접 참여자와 간접 참여자로 양분된다. 직접 참여자란 대상자로서 제의에서 환자(신도)에 해당하는 동참자가 될 것이고, 간접 참여자란 관객 또는 구경꾼이 될 것이다. 연극치료에서 간접 참여자는 방관자가 아니다. 간접 참여자라고는 하지만 적극적인 관객이 되어 자신을 치료사나 직접 참여자에게 투사, 전이, 동일시하면서 치료사와 직접 참여자에게 커다란 영향을 끼치고 자가 치료에 이르기도 한다. 이를 다음과 같이 정리할 수 있다.

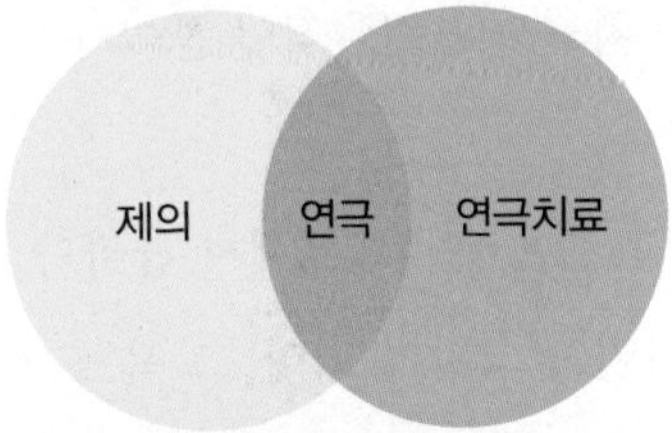

구분	연극	제의	연극치료
주체자–행위자	연출가–배우	주술사–신	연극치료사
참여자	관객	환자(신도)	직접 참여자(동참자)
관중	관객	관객–참여자	관객–간접 참여자
목표	놀이, 교육, 변화, 정화	정화, 치료	놀이, 교육, 변화, 정화, 치료

제의의 연극치료에서 치료사가 연출가이자 배우이며 신들린 자이자 접신 상태의 주술사라면, 동참자는 관객이나 환자(신도)가 된다. 그러나 이들은 엄격한 경계로 분리되지 않으며, 하나 됨을 추구하므로 제의의 연극치료사는 관찰자나 지시자보다는 적극적인 동참자가 된다.

둘째, 음성과 동작, 오브제와 무대장치 등과 관련된 것이 있다. 연극이 종합예술로 불리는 까닭은 무대 언어의 다양성 때문이다. 배우의 목소리로 발성되는 대사와 연기뿐 아니라 음향과 조명, 소품, 분장과 의상, 가면, 무대장치는 중요한 극적 언어들이다. 제의에서도 몸짓과 소리뿐 아니라 장치, 조명, 의상, 분장, 가면, 음향효과 등이 폭넓게 활용된다.

커비는 주술사의 극적 행동의 특징을 대화로 간주하면서 대화는 제의적인 극적 행동의 생동적이고 적극적인 측면이라고 언급했다(이미원, 2005). 제의가 시작되면 주술사는 진단과 치료를 위한 조언, 악한 정령 또는 자애로운 정령을 부르는 연극적인 주문, 정령과 주술사의 싸움, 주술사의 신들림, 음성, 대화, 몸짓, 무언극의 정교한 구사, 병마의 위축과 추방, 환자의 혼 부르기를 실시한다. 악령을 추방하기 위한 황홀경의 춤은 제의연극의 원형이며, 대화, 복화술, 주문 외우기, 음악, 무용 등은 연극적 양태다.

특히 제의에서 정령과 말을 하거나 영계의 모험을 이야기할 때 강신의식에서 나타나는 주술사의 대화는 연극적이다. 주술사는 제의를 펼치면서 곡예, 마술, 점술, 불 먹기, 서커스의 행동들을 보여 준다. 이는 놀이이자 흡입력 증진을 위한 극적 행동으로서 참여자의 참여도를 상승시키는 효과가 있다.

이처럼 제의는 언어와 몸짓은 물론이고, 소품과 장치에 이르기까지 강한 연극성을 지니고 있다. 제의의 연극치료 또한 다양하고 독특한 무대 언어를 적극적으로 활용한다. 예컨대, 제닝스는 연극치료에서 하나의 투사체이자 무대 언어인 초(거대)인형에 주목했다. 개성을 지닌 살아 있는 배우를 대체한 초인형은 몰개성이라는 독특함을 지니고 있다. 연극치료에서는 이것이 주는 특별한 감각적 효과뿐 아니라 비개성적 연기가 가능하다는 점을 십분 활용한다. 배우의 개인적인 얼굴 표정이나 몸짓을 감추는 가면이나 인형은 역설적으로 몸과 마음이 일치된 상태, 있는 그대로의 모습을 제시한다는 특징이 있다. 소위 감춤으로써 드러내는 것이다. 가면은 배우의 고유한 얼굴을 가리는 대신에 사회적 페르소나에서 벗어나도록 하며, 동시에 얼굴 표정으로는 표현할 수 없는 전형적인 모습을 제시한다. 가면은 자체로 누구나 인정하는 신이 되기도 하고, 악령이 되기도 한다. 이처럼 제의의 연극성에 기반한 제의의 연극치료는 드라마에 참여하는 모든 예술가와 무대 언어를 전적으로 활용하여 치료 효과를 극대화한다.

(4) 제의의 연극치료에서 집단성

제의의 연극은 앞서 언급한 연극의 집단성을 더욱 적극적으로 활용한다. 주술사의 움직임은 악령을 추방하고 치료를 위한 무아의 춤(trance dance)에 이르고, 연극적 행동으로 발전하여 하나의 스펙터클을 이룬다. 제의의 참여자 모두는 이 스펙터클 안에서 일사불란한 통합적 집단이 된다. 제의에서 무아의 춤이 통합적 집단을 이루는 것은 제의 및 연극이 집단적 전염성을 지니고 있기 때문이다. 커비 또한 제의는 주술사, 환자(신도), 관중-참여자가 참여하여 주술사의 치료적 접신(curing seance) 행위로부터 시작하여 결국에 관중-참여자에 의존한다는 점을 지적했다.

무아의 춤
출처: https://miro.medium.com/v2/resize:fit:512/1*psvDrXwoFMolXq8kaKVXcg.jpeg

제의에서 치료의 행위와 믿음은 환자(신도)뿐 아니라 가족과 다른 참여자에게도 다가오는 것으로, 모든 참여자가 치료를 체험한다는 것이다.

주술연극의 전형이라고 할 수 있는 아르토의 잔혹연극 또한 집단성에 주목한다. 잔혹연극의 집단성은 제의에서 주술사, 환자(신도), 관객이 통합적 일체가 되는 것과 유사하다. 잔혹연극은 배우와 관객을 심리적 · 정서적 · 신체적으로 통합하도록 하는 것을 주된 목표로 삼는다. 이를 위한 은유적 표현이 페스트의 전염성이며, 금을 제련하는 뜨거운 용광로이며, 기관 없는 신체인 것이다. 그러므로 제의에서 영적 기운이 확대되어 전체가 신들림의 상태가 되기, 디오니소스 제의에서 황홀경을 체험하기, 잔

잔혹연극 1935년 아르토가 연출하고 출연한 잔혹연극 〈첸치 일가〉에서 아르토의 모습

출처: https://pbs.twimg.com/media/Bkew8HECcAEmfJJ.jpg

프로시니엄 무대 객석에서 볼 때 원형이나 반원형으로 보이는 무대를 말한다. 무대와 객석은 철저하게 구획되어 있다. 액자 무대라고도 한다.

출처: https://pbs.twimg.com/media/CJ-pJv3UcAAL08Q.jpg

혹연극에서 기관 없는 신체되기는 동일한 의미가 다른 방식으로 행해진 것이다. 이를 제의의 연극치료에 적용하면 치료사와 참여자는 커다란 원 안에 수렴되어 주체가 사라진 무아의 상태로 완전한 합일을 이루는 것이 된다.

제의의 연극치료 집단은 결코 수동적이지 않다. 좌석에 고정되어 프로시니엄 무대를 응시하는 관객은 제의의 집단성을 체험할 수 없다. 제의의 연극치료는 실험극이나 거리극처럼 객석이 비고정적이고 유동적이어서 관객을 적극적인 참여자로 초대한다. 적극적인 참여자로서 집단적 관객은 극적 행위와 체현을 완성하는 일원이 된다. 제의의 연극치료는 직접적인 대상 환자(신도)–참여자뿐 아니라 공간 속의 모든 사람이 치료를 체험하는 연극치료 모델인 것이다.

(5) 제의의 연극치료에서 일탈성

디오니소스 제의, 오르페우스교(orphisme)의 예식, 카니발, 잔혹연극 등에서 찾을 수 있는 공통적 특징 중 하나는 일탈성과 폭력성이다. 이것들은 일상, 관례, 규칙, 습관에서 벗어나려는 몸짓으로 가득하다. 이것들의 일탈성은 무엇보다도 파괴적이고 폭력적인 성향이 있다. 관습이나 체계로부터 벗어난 일탈을 위해 해체하고 으깨고 뭉개야 하는 폭력적 수단이 동원된다. 디오니소스(Dionysos), 오르페우스(Orpheus), 엘라가발루스(Elagabalus), 아즈텍의 태양신을 위한 제의는 예외 없이 폭력적이다. 이들 제의는 희생제의로서 선혈이 낭자하다. 조르주 바타유(Georges

Bataille)는 이러한 폭력적인 희생제의는 궁극적으로 합일을 지향한다고 언급했다.

희생제의란 초월적 존재에게 희생양을 제물로 바치는 의식이다. 세계 도처에서 행해졌던 다양한 희생제의에는 그 구조가 공통적이다. 폭력을 수반하고, 폭력으로 참여자들이 불안감을 느끼고, 불안을 통해 합일을 이루고, 합일을 가능케 한 희생물이 성스럽게 되고, 희생제의 끝에 대규모의 축제가 이어지고, 그리고 이 과정에서 제의의 모든 참여자가 다시 합일을 이루는 과정으로 구성된다. 즉, 희생제의의 구조는 '폭력-불안-합일-축제-재합일'이다. 그런데 폭력이 만들어 낸 불안으로부터 합일이 생긴다는 점에서, 다시 말해 합일을 위해 자아가 해체되어야 한다는 점에서 이 불안은 극단적 불안, 해체적 불안, 나아가 정화를 위한 불안, 즉 아리스토텔레스가 언급한 공포와 연결된다.

또한 이 불안과 공포는 아르토가 잔혹연극을 연금술로 상징화한 것에서도 찾아볼 수 있다. 연금술에서 정화된 물질, 순금을 만들기 위해서는 폭력과 불안의 과정이 필요하다. 잡다한 이물질을 녹임으로써 고유의 성질을 완전히 상실하게 하는 용광로의 뜨거운 불은 폭력적이며 자기 속성의 상실이라는 불안으로 나타난다. 폭력과 불안의 과정을 거쳐야만 순금이라는 합일의 질료가 생성된다. 폭력과 불안 및 공포로부터 합리적 논리와 이성은 붕괴되고, 주체는 완전히 소멸되며, 몰아의 상태가 된 후에야 비로소 타인과의 진정한 합일이 가능하다는 것이 연금술적 연극이 추구하는 바다.

디오니소스 제의 술의 신인 디오니소스를 찬양하는 디오니소스 축제를 통해 사람들은 풍성한 포도의 수확과 맛있는 포도주의 생산을 기원하였다. 이 축제에서는 음주와 가무가 이어졌고 이들이 주고받는 이야기와 행렬은 그리스 비극의 기원으로 간주된다.
출처: https://pesaagora.com/wp-content/uploads/2022/05/Triumph-of-Bacchus-Moeyaert-1624.jpeg

폭력은 황홀경(무아 체험, extase)으로 이어진다. 제의에서 환자(신도)는 약초 향과 주술사의 주문에 취하여 점차 황홀경에 빠져든다. 디오니소스 제의에서 추구하는 황홀경도 이와 유사하다. 그곳에는 음주 가무가 있으며, 파토스(pathos)의 상태에서 광란의 향연이 펼쳐진다. 폭력적이고 에로틱한 음담패설, 성적인 희롱이 만연하고 가면과 우스운 복장, 그리고 남근숭배의 물결이 휩쓴다. 디오니소스는 광기의 신이자 해방의 신으로 추앙되고, 그의 숭배를 구실로 습관적인 것, 규칙적인 것이 파괴된다. 황홀경이 폭력적인 것은 황홀경에 취하는 것이 신들린 상태에서 자아를 잊는 망아의 행위이자 주체를 파괴하는 행위이기 때문이다.

황홀경은 어원적으로 '자기에서 벗어남(sortir de soi)'을 뜻한다. 제어를 벗어난 환희, 법열의 상태에 이르게 되면 자아는 흔적도 없이 사라진다. 황홀경은 자아 또는 이성의 상태에서 벗어나 격렬하거나 고조된 상태가 되는 것으로, 무의식의 지배를 받게 된다. 무의식의 지배는 신들림 또는 빙의(possession)로 나타나는데, 이는 나보다 더 큰 것, 절대적인 타자가 내 몸에 들어와 타자로서 내 입을 통해 말과 행동을 하게 되는 현상이다.

나를 완전히 벗어던지고 소멸될 때 나는 나의 주체로서 작용하는 것이 아니라 타인으로 작용한다. 이제부터 나를 인식하고 판단하는 것은 거울에 비친 누군가(또 다른 나 혹은 타자)를 통해서다. 아르튀르 랭보(Jean-Nicolas-Arthur Rimbaud)의 표현에 의하면, 'Je est un autre(나는 …… 타인이다/I is another)'가 된다. 여기서 일인칭 동사(suis, am)가 아닌 삼인칭 동사(est, is)로 표현된 나(Je, I)는 '나는 행복해(Je suis heureux, I am happy)'의 '나'가 아니다. 일인칭 동사는 내가 행복함을 느끼고 주체로서 행복을 표현한 것이라면, 삼인칭 동사의 나는 주체성이 엄밀하게 사라진 타자로서의 나다. 따라서 랭보의 표현을 우리말로 옮길 때 '나는 타인'이라는 식으로의 오해를 불러일으킬 수 있다. 타인인 나는 물(거울)에 비친 나르시스의 모습이며, 고흐나 프리다나 윤동주의 「자화상」이고, 신들린 것이며, 유체가 이탈된 것이며, 아르토가 펼치는 잔혹연극이며, 나아가 연극치료사의 자전공연인 것이다. 연극치료에서 자전공연이란 자신을 배우 삼아 타인(Je, I)의 이야기를 엮어 가는 것이다.

결국 내가 타인으로 존재하는 연극은 재현이 아닌 체현의 연극으로, 이는 곧 제의의 연극치료의 기본 방침이 된다. 제의의 연극치료는 고착화된 나를 없애고 새로운 나 찾기로 나아간다. 새로운 나란 변화된 나, 정화된 나 곧 치료된 나를 뜻한다. 드라마의 성격을 지닌 축제, 카니발, 제의의 형식으로 인류사에서 행해져 온 모든 것은 변화된 나, 치료된 나를 찾기 위해 나로부터 벗어나는 절차인 셈이다. 제의에서 참여자들이 정화됨, 치유됨, 새롭게 태어남을 느끼듯이, 제의의 연극치료도 참여자에게 일탈을 통해 신체와 정신이 새롭게 태어나도록 한다.

(6) 제의의 연극치료에서 체현성

연극은 연극치료의 원리를 제공하지만, 연극을 연극치료라고 하지는 않는다. 하지만 실험연극, 몸연극, 물체연극, 대안연극, 제의연극은 어느 정도 치료의 연극으로 수렴이 가능하다. 몸의 감각을 자극하고 연극의 즉흥성을 강조하며 관객을 적극적으로 참여시키는 예지 그로토프스키(Jerzy Grotowsky)의 가난한 연극, 조나단 폭스(Jonathan Fox)의 재생연극, 아우구스토 보알(Augusto Boal)의 토론연극은 연극치료의 한 종류라고 해도 크게 어긋나지 않는다.

연극치료 또한 그 기법에 있어 전적으로 연극적 수단에 의거한다. 연극치료가 잔혹연극이나 베르톨트 브레히트(Bertolt

Brecht)의 서사극에 주목하는 것은 이러한 이유에서다. 그렇다면 연극과 연극치료의 경계가 무엇일까? 이 물음에 대한 숙고에서 하나의 제안이 가능한데, 그것은 바로 재현과 체현의 문제다. 한마디로 연극은 재현적이고, 연극치료는 체현적이라고 할 수 있다. 그런데 포스트드라마연극은 재현보다는 체현을 강조한다는 점에서 연극치료는 기존의 전통적인 연극보다는 실험적이며 수행적인 현대연극의 이념에 더욱 근접하다는 것을 알 수 있다. 특히 제의의 연극치료는 체현의 연극에 집중적으로 초점을 맞춘다. 체현 연극이란 어떤 연극인가?

연극사에서 비극의 원류로 간주되는 디오니소스나 오르페우스교의 제의에서 체현 연극에 대한 단서를 얻을 수 있다. 앞서 언급한 것처럼 디오니소스 제의에서 주목할 수 있는 것은 강렬한 황홀경, 즉 초자연적 존재와의 하나 됨이 몸을 통해 몸과 함께, 몸 안에서 행해지고 있다는 점이다. 여신도(메나드)들은 통음 난무와 함께 신들린 상태에서 신의 몸을 대신하는 희생물을 나누어 먹음으로써 신과 혼연일체가 되는 강렬한 황홀경에 빠져든다. 이 황홀경은 체험과 대상 사이에서 하나 됨을 의미하는 신비체험으로, 그 상태를 체험하는 사람에게는 하나의 지식 상태가 된다. 메나드들은 느낌을 춤과 행위로 표현하고, 외부의 자극을 통해 황홀경을 체험하고, 내적 체험을 춤과 행위의 외적인 형태로 만든다. 그들은 디오니소스를 재현하는 것이 아니라 체현하면서 감정을 재창조한다. 메나드가 몸으로 느낀 황홀경은 내부에 머물지 않고 노래, 움직임, 춤을 통해 외부로 표출된다. 황홀경에 빠져 있는 메나드는 접신 상태의 주술사인 것이다. 접신은 신을 모방하는 것이 아니라 신을 체현하면서 신과 하나가 되는 것이다. 다시 말해, 신들림은 신의 모방이 아닌 빙의로서 신이 몸에 임하는 것이다. 이렇듯 주술사의 체현적 주술 행위, 몸과 신과의 혼연일체, 변화와 재창조는 제의의 연극치료가 주목해야 할 요소다.

체현이란 몸 감각으로의 직접 경험이다. 체현 연극에서 관객은 전체 감각을 통해 무대와 교류하고 소통한다. 이때 감각은 이성적 지각을 위한 통로로 작용하는 것이 아니다. 몸의 감각은 정신적 인식 이전의 것으로, 그 자체로 구조화가 가능하다. 랭보의 타자처럼, 타자는 또 다른 나이며, 나는 또 다른 타자인 것이다. 이때의 몸이 상호 교류를 한다는 것을 원초적으로 새기고 있으므로 기존의 전통적인 인식체계로는 지각되지 않는다. 무대와 교감 중인 관객의 몸은 지적 인식 이전에 행하는 지각을 몸 자체로 실현한다. 의식 이전에 몸이 반응하고 소통하는 식이다. 예컨대, 웃어야 하는 순간임을 깨닫고(지성주의) 웃는 것(몸으로의 반응)이 아니라 몸이 먼저 자발적으로 작용하여 의식과 상관없이 웃는 것이다. 행복해서 웃는 것이 아니라 웃으니까 행복하다가 된다. 이는 심리학에서 제임스-랑게 이론(James-Lange theory)과 접목되는 부분으로 뒤에서 자세히 설명할 것이다. 체현연극은 몸이 몸에게 말을 거는 연극이다. 체현연극에서 배우의 몸은 대사를 말하는 몸이 아니라 신들린 몸이다. 몸의 언어가 주가 되는 연극이다. 체현연극의 배우는 사고 이전에 타인의 의도, 의지가 이미 내 몸 안에 있고, 나의 의도, 의지가 이미 타인의 몸 안에 있는 새로운 세계를 창출한다.

체현은 실험연극 또는 현대연극에서도 자주 만난다. 예컨대, 잔혹연극은 일종의 체현 연극이며, 가난한 연극, 도발적 연극(In-yer-face theatre)과 포스트드라마연극도 체현을 추구한다. 잔혹연극에서 체현은 배우의 살아 있는 상형문자로 구체화된다. 배우의 몸이 자체로 상형문자가 되면서 체현이 이루어진다. 무대에서 생생한 상형문자를 펼치는 배우는 신들린 주술사나 접신 상태의 무당이 된다. 몸으로 쓰는 글, 즉 호흡, 침묵과 고함, 명상, 영적 기운으로 가득 찬 움직임은 모방이 아니라 새롭고 낯선 몸짓, 우주적 몸짓, 영혼의 몸짓이다. 아르토는 자기의 몸이 곧 작품이 되기를 바랐다.

도발적 연극 역시 관객의 감정을 동요시킨다. '도발적'이라고 표현한 것은 관객을 공격하고 도발시키겠다는 의미로서 감각적으로 관객을 끊임없이 자극하고 괴롭힌다. 의과 수술처럼 몸을 째고 찢고 아프게 파헤치는 도발적 무대는 지극히 폭력적이다. 외설적 언어와 행위, 노출, 폭력, 금기의 파괴가 행해지는 무대로부터 관객은 불안에 시달리고, 일상적 사유가 흔들리며, 사유 이전의 체험을 감각적으로 경험한다.

포스트드라마연극 또한 관객의 체험적인 참여를 전제로 한다. 포스트드라마연극은 배우의 에너지 발산을 통해 관객과의 직접직인 교감 형성을 강조한다. 배우로부터 관객으로의 에너지의 전이 또는 반대 흐름인 역전이가 생겨나며, 이는 수행적인 것의미학이 전제하는 관객과 행위자의 신체적 공동 현존을 통해 달성된다.

한편, 스스로 상처를 드러내고 마취도 하지 않은 채 드라마라는 수술실에서 자가 수술을 하는 자전공연 역시 체현연극이며, 이를 수렴하는 제의의 연극치료는 체현의 연극치료가 된다. 이처럼 제의의 연극치료는 자신과 또 다른 자신, 배우와 관객, 치료사와 참여자 사이에서 직접적인 몸-교감이 행해지는 체험연극이라고 할 수 있다.

제의가 일상생활과 만나면 집단의 사회문화적 행사로의 확산이 가능하다. 제의를 통해 개인은 사회의 훌륭한 구성원이 되었음을 확인하고, 그로부터 소통을 이루어 자기 존중감을 확산할 수 있게 된다. 니콜라이 예브레이노프(Nikolai N. Evreinov)는 사회 속에서 경험하는 제의와 연결되어 있다는 느낌이 개인에게 얼마나 중요한지를 지적하면서 그것이 인간이 지닌 연극적 본능의 한 양상이라고 말했다. 제의에의 적극적인 참여는 다른 사람들과 연결되어 있음, 자기 삶의 주인이 됨, 그리고 스스로 강한 힘을 느끼도록 한다. 삶에 제의적인 극적 행위가 적극적으로 반영될 때, 삶은 새로운 의미를 획득하고 창조하는 것이 된다. 제의적 의례에 참여한 개인은 사회의 역할을 맡은 구성원으로서 자신의 존재감을 확인하는 것이다.

연극치료 참여자는 제의 형식을 통해 정체성 강화, 삶의 의미 획득은 물론이고, 미해결된 문제를 표출하고 재구성함으로써 문제 극복의 토대를 마련한다. 물론 연극치료가 제의적 특징이 있다고 해도 제의와는 차별적이다. 연극치료사는 연기를 피워 대며 주문을 외우는 주술사가 아니다. 그렇지만 치료를 위한 제의가 연극적 형식을 취한다는 점은 분명하다. 또 제의성을 지닌 연극이 치료의 기능이 풍성하다는 것도 분명하다. 제의를 거행하는 종교적 우두머리의 마음가짐은 숭고함으로 차 있다.

치료사 역시 숭고한 마음으로 참여자의 공감을 얻는다면 치료는 처음부터 긍정적인 분위기를 안고 출발하는 것이 된다. 집단적 믿음으로 충만한 제의 형식과 분위기는 참여자와 전적인 신뢰를 쌓을 수 있으므로 관계 형성에 유리하다. 이렇듯 연극과 제의, 제의의 연극적 특징을 적극적으로 활용한다면 연극치료는 소통, 교감, 나눔, 그리고 치료에 있어 커다란 장점을 갖게 될 것이다.

연극의 제의 기원설은 인류학적 측면에서 일정 지역의 고유한 전통문화와 사고방식을 기반으로 한 연극치료가 효과적일 수 있다는 점을 시사한다. 인류학자의 관심의 대상인 제의는 문화권마다 고유한 형태로 존재한다. 제의는 신화처럼 그 문화 속에 녹아들어 집단의 신념으로 자리를 잡았다. 따라서 치료사가 참여자의 제의적 문화를 충분히 이해한다면 치료는 더욱 수월하게 진행될 수 있다. 이를테면 여러 치료사가 공감하고 있는 것으로, 한국인을 위한 연극치료는 한국의 전통적 제의 형식을 취할 때 훨씬 효과적이라는 것이다. 치료사가 한국인의 독특한 가족체계뿐 아니라 신명, 한, 정 같은 집단 정서를 이해하고, 역사 속에서 성립되어 온 토템과 샤먼 사상을 꿰뚫어 이를 연극적으로 풀어낼 수 있다면 참여자의 맞춤형 연극치료가 될 것이다.

2) 스토리텔링 기원설과 연극치료

2019년부터 시작된 코로나19로 인해 사회적 거리 두기가 시행되면서 사회는 우울증에 빠졌다. 일상의 평범한 일로 생각했던 만나기, 차 마시기, 수다 떨기가 어려워지자 삶의 활기가 떨어졌다. 지구촌을 덮친 전염병이 친구와 만나 별 의미 없이 주고받던 이야기가 얼마나 소중한지를 일깨워 준 것이다. 연구에 따르면, 수다는 치료 효과가 상당하다. 수다는 사전에 아무런 프로그램 없이 즉흥적으로 이루어진다. 오늘 무슨 이야기를 할지 정해 놓고 수다를 떨지는 않는다. 이야기 주제가 어디로 튈지 모르는 것이 수다의 특징이다. 또 하면 할수록 많아지는 것이 이야기의 특징이다. 오랜만에 만나는 사람보다 매일 만나는 사람 사이에서 할 이야기가 더 많다. 만일 독재자가 나타나 자신을 욕하는 국민의 꼴을 보지 못해 이야기하는 것을 금한다면 어떻게 될까? 상상하기조차 끔찍한 일이다. 이처럼 수다 떨기, 즉 이야기가 우리의 삶에서 그만큼 중요하다.

스토리텔링 기원설은 인간에게 이야기 없는 삶은 불가능하다는 가정에서 출발한다. 어렸을 때 이야기 듣는 재미에 푹 빠져 본 적이 있을 것이다. 어린 시절 엄마의 무릎에 누워 이야기를 듣는 것은 가장 행복한 시간이다. 이야기를 해 주는 대상이 세상에서 가장 믿음직한 양육자여서도 그렇지만 상상의 나래를 마음껏 펼칠 수 있는 환상적인 시간이었기 때문이다. 아이는 이야기를 들으면서 주인공이 되어 즐거움, 기쁨, 슬픔, 두려움과 같은 온갖 감정을 경험한다. 아이가 몰입된 채 엄마의 이야기에 귀 기울이는 것은 어떤 이유일까? 인간은 천성적으로 이야기를 좋아하는 것일까? 그럴 수 있다. 도리스 브렛(Doris Brett)은 아이와 이야기는 실과 바늘처럼 불가분의 관계라고 말했다. 아이가 황홀한 표정으로 이야기의 세계 속으로 빠져드는 것은 이야기가 삶을 위한 학습의 장이기 때문이다. 아이는 이야기를 들으면서 이야기 속의 세상을 접하고 다양한 역할을 간접 경험하기 때문에 이야기는 성장을 위한 교육의 효과가 있다는 것이다. 아이만 이야기를 좋아하는 것은 아니다. 만화를 즐겨 보는 청소년들, 영화를 좋아하는 젊은이들, 텔레비전 드라마에 흠뻑 빠져 있는 어른들도 이야기 속에 빠져 있다.

엄마가 아이에게 이야기를 들려줄 때는 줄거리를 전하는 데 그치지 않는다. 엄마는 동물 소리를 실감 나게 표현하거나 얼굴 표정이나 움직임을 모방하는 몸동작으로 이야기를 체현한다. 스토리텔링이 더욱 정교해지면 엄마 혼자서 여러 역할을 하는 대신, 식구들이 모여 각기 주어진 역할을 맡음으로써 연극 형식을 갖추게 된다. 예를 들어, 다음의 〈곰 세 마리〉를 살펴보자. 노래를 부를 때 엄마와 아기의 몸짓과 율동, 그리고 음색의 변화가 선명하게 전해 온다. 이 노래를 아빠, 엄마, 아이 셋이서 한다면 그야말로 각자의 역할을 행하는 연극적 행위가 된다. 이렇게 이야기에 대한 본능적 욕구와 이야기 체현의 스토리텔링은 연극의 기원으로 간주된다.

노래제목: 곰 세 마리

곰 세 마리가 한 집에 있어
아빠 곰 엄마 곰 애기 곰
아빠 곰은 뚱뚱해
엄마 곰은 날씬해
애기 곰은 너무 귀여워
으쓱으쓱 잘한다

---

(1) 이야기의 힘

인간에게 이야기 없는 삶은 있을 수 없다. 삶은 이야기이며, 이야기는 삶이다. 살아 있는 인간은 자나 깨나 이야기를 하고 듣는다. 오감을 통해 이야기와 교류하며, 설령 밖으로 표출하지 않더라도 머릿속에서 끊임없이 이야기가 진행된다. 잠에서 깨어나는 순간부터 이야기는 시작된다. 사실 잠잘 때에도 이야기는 여전히 지속되는데, 이것이 바로 꿈이다. 꿈은 이야기가 이미지화된 것이다. 이야기는 무의식 속에 엄청난 매장량이 저장되어 있어서 마르지 않는 샘처럼 바닥을 드러내는 법이 없다. 이야기는 삶을 이끄는 에너지이며 삶을 구성하는 요소인 것이다. 인간의 삶이란 이야기를 축적해 가는 과정이며, 살아 있다는 것은 매일 무수한 이야기를 만들어 내는 것이라고 할 수 있다. 이야기가 풍부한 사람일수록 자기 존중감이 강하고 깊이가 있는 삶을 살아가는 사람이다. 젊은이에게 책을 읽고 여행을 하고 모험을 권하는 것은 풍부한 이야기를 만들도록 하기 위함이다. 나아가 이야기는 소통의 기능과 방식을 알려 줌으로써 타인과 능동적이고 폭넓은 교류를 하도록 이끌고, 자신을 되돌아볼 힘을 준다.

이야기에는 개인적인 이야기뿐 아니라 집단적인 이야기가 있다. 마을마다 전해져 내려오는 이야기, 설화, 전설, 각 민족의 신화는 집단적 이야기다. 이야기가 없는 집단은 뿌리가 없는 것과 다를 바 없다. 집단의 역사는 그들의 이야기가 집대성된 것이다. 마을을 해치려는 적에 맞서 마을을 수호한 영웅의 이야기, 특이한 바위나 나무 같은 자연에 붙여진 사랑과 모험들이 모여 집단의 이야기가 된다. 이야기 없는 삶이 없듯이, 이야기 없는 사회는 없다. 개인의 이야기와 집단의 이야기는 상호 영향을 주고받는다. 개인은 집단에 소속되어 있으므로 개인의 이야기는 집단문화의 영향을 받는다. 또한 개인들의 이야기가 공통점을 형성하면 집단 이야기가 되므로 집단 이야기의 출발은 개인 이야기이기도 하다. 특정한 경험을 공유하는 집단으로서 삶에 관한 모종의 관계를 형성하는 것이다. 연극치료에서 이야기를 치료의 도구로 활용할 때, 개인의 이야기를 아우르는 집단의 이야기, 즉 신화나 전설과 같은 원형적 이야기에 주목하는 것은 이러한 까닭이다.

(2) 연극과 이야기

연극이 매력적인 까닭은 삶을 은유하는 고유의 이야기가 있기 때문이다. 연극 속의 이야기는 일상의 평범한 이야기가 아니라 극적인 이야기다. 무섭게 몰아치는 격렬한 태풍과 파도, 황홀한 사랑, 미풍이 살랑대는 푸른 초원과 같은 이야기가 리듬감 있게 펼쳐진다. 문학과 공연의 영역을 공유하는 연극의 이야기는 입체적이다. 말로 하는 이야기와 몸으로 하는 이야기가 공존한다. 공연에 앞서 이야기를 분석하는 연출가나 배우에게 인문학적 소양이 요구되는 것은 이런 까닭이다.

연극의 이야기는 말로 모방하는 디에게시스(diegesis)와 행동으로 모방하는 미메시스로 구성된다. 예컨대, 무대에서 표현할 수 없는 대규모 전투 장면은 인물의 언어로 표현된다. 전투 장면을 설명하는 인물의 언어가 디에게시스라면, 무대에서 행하는 인물의 연기는 미메시스가 된다. 이처럼 연극은 디에게시스와 미메시스의 갈등과 화해의 변증법으로 이루어진 예술이다.

20세기 초 두각을 나타냈던 아방가르드 연극, 실험연극은 기존의 연극이 지나치게 서술적 언어인 디에게시스에 함몰되어 있다고 판단하고, 문학에서 독립하고자 한 연극 운동이다. 이에 서술적 설명이 주를 이루는 사실주의 연극은 강력한 도전을 받게 되었고, 배우의 신체 연기와 무대 공간에 중심을 두는 연극이 활성화되었다. 분절언어로 구성된 대사 위주의 문학 연극에 비해, 음악 언어, 회화 언어, 몸짓 언어가 활성화된 무대는 은유와 상징으로 가득 찬 극적 공간을 창출하고자 한다. 소위 넌버벌(non-verbal) 연극, 무용과 결합한 무용극(탄츠테아터, Tanztheater), 팬터마임 같이 연극은 말로는 표현할 수 없는 극적 메시지로 이루어진 미메시스가 강조된 연극이다. 하지만 언어는 여전히 연극에서 중요한 위치를 차지한다. 연극은 말뿐 아니라 다양한 무대 언어로 이야기를 엮어 내는 예술이다. 그것이 분절언어든 공간

탄츠테아터(TanzTheater) 무용(tanz)과 연극(Theater)적 요소를 결합한 탄츠테아터는 독일 출신의 안무가 피나 바우쉬(Pina Baush)가 만든 것이다. 피나 바우쉬의 탄츠테아터 〈카페 뮐러〉와 〈봄의 제전〉의 한 장면.
출처: https://weekly.hankooki.com/news/photo/201003/3873311_37408_1102.jpg

언어든, 직접적이든 간접적이든 다양하고 풍성한 언어로 생성되는 이야기는 연극의 커다란 장점이다. 연극치료에서 연극의 다양한 층위의 언어를 이해해야 하는 까닭은 치료 작업에서 디에게시스와 미메시스를 폭넓게 활용할 때 소기의 성과를 달성할 수 있기 때문이다.

(3) 연극치료와 이야기

개인의 이야기들이 적절한 기회를 잡지 못해 표현되지 못하면 억압된 잠재의식 속에 남아 있게 된다. 모호한 상태로 잠재된 이야기는 이야기 이전의 동요와 꿈틀거림의 상태다. 어둠이 해를 기다려 사라지듯, 잠재된 의식은 이야기되기를 기다린다. 그것이 어떤 자극이나 기회가 없어 밖으로 드러나지 못한다면 몸은 악성 종양을 품고 있는 것처럼 심각한 건강문제에 직면할 수 있다.

잠재된 의식을 이야기로 드러내는 방식은 보통 개인의 고유성을 바탕으로 한다. 이야기의 내용은 전적으로 개인에게 속하며, 이야기를 구성하는 형식, 즉 이야기의 플롯은 참여자의 관점, 사상, 무의식을 반영한다. 이야기를 통해 치료적 근거를 찾을 수 있는 것은 이야기의 내용과 형식이 개인적 특성을 명확하게 반영하기 때문이다. 잠재의식을 이야기로 표현한다는 것은 누군가 들어 줄 사람이 있다는 것을 전제로 한다. 개인의 생각이 말과 움직임을 통해 상대방에게 의미 있는 메시지로 전달될 때 비로소 그것은 이야기가 된다. 말을 꺼냈지만 상대방이 없다면 이야기는 연기처럼 사라지고 중얼거림으로 끝나고 만다.

개인상담이든 집단상담이든 귀 기울여 내담자의 이야기를 듣는 것은 매우 중요한 과정이다. 주로 집단으로 행하는 연극치료에서 개인의 이야기는 집단으로 퍼져 나간다. 집단의 연극치료에서 이야기를 들어 줄 누군가는 연극치료사와 참여자들이다. 나아가 연극치료는 이야기를 말로 표현하는 동시에 몸으로 체화하도록 한다. 이를 하나의 장면으로 만들어서 디에게시스와 미메시스를 실현한다. 집단적 연극 체험은 그곳이 이야기하기의 최적의 장소이자 이야기를 입체적으로 표현하는 기회를 제공한다.

『삼국유사』에서 경순왕의 귀 설화로 기록되어 있을 뿐 아니라 세계 전역에 유사한 이야기가 산재해 있는 『임금님 귀는 당나

귀 귀』의 이발사는 매우 불행한 사람이다. 그가 불행한 것은 알고 있는 것을 말할 수 없는 상황 때문이기도 하지만, 그의 곁에는 말할 수 있는 누군가가 없었기 때문이다. 최고의 권력자인 왕이 이발사를 불렀을 때 그는 행복했을 것이며, 약간은 우쭐한 마음도 있었을 것이다. "임금님이 날 불렀단 말이지. 나의 이발 실력을 알아주신 거야." 이발사는 자신의 이발 솜씨가 알려진 덕택에 궁궐에서 호출이 왔을 것으로 생각했다. 그러나 임금님과의 만남은 그를 불행의 나락으로 떨어트렸다. 이발사에게는 임금님과의 만남이 자신의 현실을 직시하도록 한 계기가 되기는 했다. 그의 현실이란 자신의 주변에는 비밀을 말할 수 있는 사람이 단 한 사람도 없다는 것이었다. 그의 곁에는 비밀을 마음 놓고 털어놓을 가족도, 친구도 없었다. 죽을병에 걸린 이발사는 임금님 귀가 당나귀 귀라는 사실을 말하지 않고서는 죽어도 한이 남을 것 같았다. 그는 고민 끝에 갈대숲을 찾아가 힘껏 외쳐 댔다. 그러고는 어느 정도 평안한 마음으로 숨을 거두었다. 이발사는 갈대숲에서의 외침으로 마음이 조금은 후련해졌을 것이다. 가슴에 남아 있던 불덩이 같은 응어리가 어느 정도는 풀렸을 것이다. 그러나 이발사가 외친 갈대숲은 사람이 아니다. 갈대숲을 앞에 두고 일방적으로 외쳐 대거나 비밀을 말할 수는 있지만, 갈대숲은 이발사의 이야기에 반응하면서 이야기를 새롭게 써 나갈 수 있도록 영향력을 행사하지 못한다.

이야기를 듣는 상대방은 이야기에 반응하면서 이야기에 영향을 미친다. 상대방의 반응에 따라 변형이 가능한 것이 이야기다. 일방적인 이야기, 변형이 불가능한 이야기는 죽은 이야기이며, 변할 수 없는 이야기는 진정한 이야기가 되지 못한다. 이야기는 화자와 청자가 있어야 성립한다. 이야기는 만남이며, 관계의 산물인 것이다. 앤더슨-웨렌과 그레인저(Andersen-Warren & Grainger, 2009)는 알리다 게르시(Alida Gersie)와 낸시 킹(Nancy King)을 인용하여 "이야기는 만남과 나눔에 관한 것"이라고 말했다.

"이야기는 화자와 청자의 상호작용 사이에서 재창조된다. 이야기에 생명을 부여하는 것은 바로 그들의 관계다. 듣는 이의 관심과 주의가 밀물과 썰물처럼 변화하면서 그 역동에 영향을 준다. 화자와 청자의 관계는 언제나 밀접하다. 말하는 이와 듣는 이의 연결이 친밀함을 낳는다. 아주 개인적이든, 집단적이든 상징적인 내용을 그와 동일한 싱징적 구조를 중시하는 다른 누군가와 공유하는 행동을 통해 특별하고도 연약한 연결 끈이 창조되는 것이다. 그리고 그 끈의 이야기가 계속되는 동안에 그와 함께 지속된다."

연극치료에서 이야기에 주목하는 이유는 이야기의 근본에는 만남, 관계, 반응, 나눔이 있기 때문이다. 연극치료에서 써 내려간 이야기는 갈대숲에서 외쳐 대는 이야기와는 성질이 다르다. 연극치료 이야기는 불변의 무의식을 준동시켜서 뿌리까지 변화를 일으키는 이야기다. 연극치료는 빛바랜 사진처럼 과거에 눌려 있던 이야기를 숨결이 느껴지는 현재의 생생한 이야기로 재생시킨다. 일반적으로 연극치료사는 연극치료의 현장에서 원형적 이야기를 즐겨 사용한다. 연극치료와 집단 무의식이 들어 있는 원형적 이야기가 치료 행위가 될 수 있는 근거로 카를 융(Carl G. Jung)의 이론을 들 수 있다.

융은 신화, 전설, 민담, 설화 등에는 집단 무의식이 내재된 것으로 보았다. 집단적인 이야기들은 개인적인 속성을 넘어 보편적인 심상으로 존재한다(이부영, 2011). 신화나 민담은 원형적인 것으로, 인간 고유의 속성과 그들이 속해 있는 집단의 무의식을 보여 주는 상징으로 작용한다. 융에 따르면 집단 무의식이란 강한 에너지가 저장된 층으로, 이로부터 인간은 혐오, 분노, 공포, 강한 매혹, 도취, 스릴, 희열, 황홀감을 느낄 수 있다. 무의식 속에 잠재된 것을 정동적으로 체험하고 이야기를 공감하면서 인생을 체험한다. 원형적 이야기를 통해 인간의 본성을 들여다볼 수 있다는 것은 이야기가 태어날 때부터 지닌 보편적 잠재 능력인 집단 무의식을 반영하기 때문이다. 백사장에서 우연히 발견한 소라 껍데기 속에 태고의 바다 이야기가 들어 있는 것처럼, 이야기에는 개인과 그가 속한 집단의 은유와 상징이 가득하다. 그러므로 연극치료에서 집단의 보편적이고 원형적인 이야기보따리를 풀어놓고, 그로부터 개인의 무의식을 일깨우며 역동적 에너지를 공급한다면 참여자의 변화를 이끌어 낼 수 있다.

한편 참여자는 때때로 직접적인 자기표현을 부담스러워하는데, 이때 집단적이며 간접적인 은유 방식의 이야기는 상당히 유용하다. 말하기 쉽지 않은 이야기를 직접 표현하기보다는 집단적이고 원형적인 이야기를 통해 간접적인 방법으로 표현한다면 무의식의 세계에 보다 쉽게 진입할 수 있다. 원형적인 이야기가 유용하기는 하지만 그렇다고 연극치료에서 신화나 전설을 고집하지는 않는다. 치료사는 상황에 따라 참여자의 주체적 이야기에 귀 기울인다. 치료사와 참여자가 공동의 창작으로 이야기를 엮어 가거나, 참여자가 상황과 분위기에 따라 즉흥적으로 이야기를 창작하기도 한다. 기존의 이야기든 새로운 이야기든 참여자가 안전하다는 느낌을 가지면서 억압된 문제를 자극하고 표출할 수 있다면 어떤 종류의 이야기든 상관이 없다.

로버트 랜디(Robert J. Landy)의 역할모델이란 일상을 살아갈 때 감당해야 하는 수많은 역할을 제대로 수행할 수 있도록 연극을 통해 학습하는 방식이다. 이상심리학에서 장애나 지체의 기준을 사회적 역할 수행의 정도에 두는 경우가 많다. 사회적 역할 수행이 과연 어려울까 생각할 수도 있겠지만 일상에서 수시로 바뀌는 역할을 적절하게 수행하는 것이 쉬운 일은 아니다. 이를테면 학교에서 학생 역할이 잘 안 될 경우, 식당에서 손님 역할을 할 수 없을 경우에 문제가 생긴다. 곰곰이 생각해 보면 사회적

연극치료사인 랜디는 뉴욕대학교에서 연극치료를 가르치고 있다. 그는 연극적 요소 가운데 '역할'을 집중적으로 연구하여 역할모델을 개발하였을 뿐만 아니라 역할 분류 체계를 통한 진단과 평가를 발전시킴으로써 연극치료에 크게 기여하였다.

삶이란 매 순간 바뀌는 역할들의 조직으로 이루어져 있다. 랜디의 역할모델은 부적절한 역할 수행을 적절하게 할 수 있도록 도와주는 개념에서 출발한다. 그런데 역할 수행에서 이야기의 활용은 매우 유용하다. 지금 이 자리에서 적절한 역할이 무엇인가를 알기 위해서는 그 시점에서 주어진 상황을 정확하게 파악해야 하는데, 이는 이야기의 흐름을 분명하게 이해하는 것과 같은 이치다. 이야기에는 역할이 있으며, 이야기를 정확하게 인지하기 위해서는 주제 및 상황 파악이 필요하므로 이야기를 통해 참여자는 적절한 역할을 학습할 수 있다.

예컨대, 한스 안데르센(Hans C. Andersen)의 동화 『미운 아기 오리』에서 미운 아기 오리는 다른 오리에 비해 생김새가 다르고 몸집도 커서 형제들로부터 미움을 받는다. 하지만 미운 아기 오리는 시련을 극복하고 아름다운 백조로 성장한다. 미움을 받던 새끼 오리에서 사랑을 받는 백조로 역할이 바뀐다는 것이 이 동화의 골자다. 그런데 만일 성장한 백조가 미움을 받던 오리 시절에서 벗어나지 못한다면 여전히 심리적인 문제가 있다고 할 것이다. 연극치료 작업에서 참여자는 『미운 아기 오리』의 결말에 나타난 미운 아기 오리의 변화된 상황을 충분히 인지하면서 자신에게 대입할 수 있다. 역할 변화에 대한 이해는 물론이고, 극복하는 과정과 행복한 결말을 통해 새로운 역할을 소화해 내는 백조를 보면서 참여자는 과거의 고정된 역할에서 벗어나 새로운 역할과 직면할 수 있다.

몸으로 이야기를 풀어 가는 연극치료는 이야기를 재배열함으로써 삶 또한 재배열하도록 한다. '개구리 올챙이 시절 모른다'라는 말이 있다. 성장한 개구리가 과거의 올챙이 시절을 잊어버리고 우쭐댄다는 뜻으로 쓰인다. 그런데 과연 성장한 개구리가 올챙이 시절을 자꾸 떠올리는 것이 좋은 일일까? 사회적으로 성공했을 때, 과거의 처지를 떠올리면서 오만한 태도를 보여서는 안 된다는 교훈이 담겨 있기는 하지만, 그러나 개구리는 올챙이가 아니다. 성장한 개구리가 과거의 올챙이 역할에 매달려 있다면 심각한 문제가 생겨난다. 개구리는 개구리에 걸맞은 역할을 해야지, 올챙이 역할을 해서는 안 된다. 백조는 백조의 역할이 있는 것이며, 어린 시절의 미운 아기 오리의 역할에 집착해서는 안 된다.

연극치료는 기존의 잘 알려진 원형적인 이야기만 활용하는 것은 아니다. 독특한 스토리텔링의 방식과 이야기를 활용한 특정한 연극치료 접근법이 있다. 이 접근법은 가령 집단 연극치료라면 감정, 생각, 행동을 통해 이야기를 자발적으로 만들어 내는 것으로부터 시작한다. 참여자가 모여 이야기를 만든다는 것은 이야기의 즉흥성을 뜻한다. 연극치료의 참여자들은 이야기를 따로 준비할 필요가 없으며, 치료사가 선택한 이야기를 연극화시켜야 할 의무도 없다.

일반적으로 연극치료에서 스토리텔링 방식은 이야기가 집단 자체에서 자발적으로 나오도록 한다. 자발적인 이야기란 기존의 이야기가 변형된 것일 수도 있고, 전적으로 집단에서 새롭게 만든 것일 수도 있다. 기존의 이야기라고 하더라도 그들이 모여 있는 현재 상황에서 왜 그러한 이야기가 만들어졌을까 하는 인식이 중요하며, 즉흥적으로 창작된 이야기라고 하더라도 하필 그런 이야기가 생겨났을까 생각하는 것이 필요하다. 그들은 무슨 까닭으로 현재 이 자리에서 그러한 이야기를 꺼내게 되었을까? 즉흥성의 관점에서 참여자의 이야기가 기존의 이야기든, 즉석에서 창작된 것이든 집단 무의식처럼 기본 구조가 다르지 않다는 것을 인정하는 것이 중요하다. 이들 이야기가 변화를 다루고 변화의 과정을 구현하지만, 바탕에 깔린 사건의 질서는 동일하기 때문이다(Anderson-Warren & Grainger, 2009). 다음에서 다시 설명하겠지만, 이야기를 적극적으로 활용한 연극치료 이야기모델을 개발한 치료사로 물리 라하드(Mooli Lahad), 알리다 게르시(Alida Gersie), 마리나 젠킨스(Marina Jenkyns)가 있다.

3) 모방 본능 기원설과 연극치료

아리스토텔레스는 인간은 모방(미메시스) 본능이 있으며, 이로부터 연극이 생겨났다고 말했다. 그는 비극을 분석하면서 그 구성 요소 가운데 조사(措辭, lexis, diction)와 노래(melos, melody)는 모방의 수단으로, 장경(場景, epsis, spectacle)은 모방의 양식으로, 플롯(mythos, plot), 사상(dianoia, thought), 성격(ethos, character)은 모방의 대상으로 나누었다. 이들 가운데 인물과 관련된 것은 모방의 대상인 플롯, 사상, 성격이다. 플롯의 경우에 유덕한 자나 사악한 자가 불행에 빠져서는 안 된다는 점에서, 또한 사상과 성격에 따라 인물의 언어와 행동이 달라진다는 점에서 모방의 대상은 인물과 직결된다. 연극은 행동하는 인간을 모방한다. 비극이냐 희극이냐 하는 장르는 선인을 모방하느냐 악인을 모방하느냐에 따라 달라진다. 그는 희극은 실제 이하의 악인을 모방하려고 하고, 비극은 실제 이상의 선인을 모방하려고 한다고 말했다.

연극은 모방하는 존재인 인간이 만들어 낸 모방의 예술이라는 것이다. 그런데 인간의 모방 본능은 동물과는 달리 단순 모방으로 끝나지 않고 창조적 능력을 키우는 역할을 한다. 모방은 창조의 어머니다. 이 점은 어린아이를 보면 분명하다. 아이의 성장에 있어 모방의 대상은 훌륭한 교사가 된다. 부모가 하는 말과 행동은 자녀에게 커다란 영향을 미친다. 아이들은 어른 흉내를 내며 소꿉놀이를 즐겨 하는데, 소꿉놀이는 모방본능설을 대변한다.

역할 연기

역할연기를 통해 인간관계와 사회성을 향상하는 것이 소꿉놀이다. 소꿉놀이가 아니라도 새소리를 흉내 내거나 친구의 말투나 행동을 따라 한다. 친구의 옷차림이 멋져 보이면 자기도 그렇게 한다.

모방은 지식을 얻거나 사회적 연대감을 형성하는 데 커다란 공헌을 한다. 모방본능설에 따른 연극 기원론은 연극의 무대가 현실의 모방에 그치지 않고 현실의 보이지 않는 부분, 숨어 있는 가치 등을 발굴하는 기능이 있으리라는 기대를 하게 한다. 모방이 인간이 삶을 경작하고 세상을 학습하는 주요 방법이라면, 모방 본능에서 비롯된 연극은 창조적인 자기 계발의 예술이 될 것이다.

모방은 많은 심리학자나 철학자의 관심 대상이 되어 왔다. 인지발달학자인 장 피아제(Jean Piaget)가 구분한 인지발달 단계 가운데 첫 단계인 감각운동기에서 놀이는 모방과 불가분의 관계에 있다. 이 시기의 아동은 주변 사람이나 동물의 소리 또는 행동을 모방하면서 놀이를 하고 이로부터 기능적 쾌락을 얻는다. 모방에서 비롯된 놀이는 연극의 원형을 이룬다.

아이의 정상적인 발달 과정에는 모방과 놀이가 꼭 필요한 것이다. '있다'와 '없다'로 시작하는 엄마와의 놀이는 앞서 말한 숨바꼭질의 전조가 된다. 숨바꼭질은 자기 존재감의 형성에 있어 없어서는 안 될 놀이다. 엄마가 딸랑이를 들고 흔들어 대다가 없어졌다고 하면서 등 뒤로 숨긴다. 처음에 아이는 없어진 딸랑이를 찾지 않는다. 눈에 보이지 않으면 존재하지 않는다고 생각한다. 대략 10개월 정도가 되면 아이는 딸랑이가 보이지 않더라도 존재한다는 것을 알게 된다. 피아제의 용어로 대상 영속성이 형성되는 것이다. '있다 없다'의 놀이는 결국 존재하느냐 존재하지 않느냐의 존재문제로 귀결된다. 물건이 사라졌다가 나타나는 신기한 현상이 이제는 사람으로 대체된다. 엄마가 숨으면서 없어졌다고 하면 대상 영속성이 형성되지 않은 아이는 정말 엄마가 없어진 줄 안다. 엄마의 부재는 곧 생존과 직결되므로 아이는 커다란 충격을 받는다. 아마도 세상에 태어나서 겪는 가장 큰 충격일 것이다. 그러나 엄마의 부재 경험은 장차 아이가 세상을 혼자서 견디며 살아가야 한다는 쓰라리지만 꼭 필요한 메시지다.

숨바꼭질은 엄마의 부재와 현존의 경험을 하도록 하며, 엄마의 부재를 통해 자신의 존재감을 느끼는 소중한 경험이다. 엄마의 부재는 세상에 자기 혼자만이 존재한다는 절실하고 고독한 느낌을 전해 준다. 이 느낌은 무의식 속에 고스란히 저장되어 외로움과 더불어 자신의 존재감을 인식하는 계기가 된다. 아이는 숨바꼭질을 거쳐 소꿉놀이로 진입한다. 사회적 모방을 통해 관계의 중요성과 사회를 학습하는 소꿉놀이는 모방과 놀이의 중요한 단계다.

행동주의에서도 인간 발달에서 모방을 매우 중요한 요소로 본다. 예를 들어, 앨버트 밴듀라(Albert Bandura)는 사회학습이론에서 관찰학습과 모방학습 이론의 중요성을 강조했다. 인간은 타인을 관찰하고 모방하여 모델링하면서 행동 방식을 학습한다는 것이다. 그는 좋은 예로 아이가 부모의 말투와 행동을 흉내 내면서 배워 가는 것을 들었다. 스키너의 조작적 조건형성에 원리를 두고 있는 사회학습이론은 인간이 주위의 사람들과 계속해서 상호작용을 꾀한다는 전제가 깔려 있다. 아이는 다른 아이가 보상 또는 처벌을 받는 상황을 지켜보면서 간접 강화를 받는다. 즉, 아이는 직접 모방이나 간접 강화를 통해서 성장의 동력을 얻는다. 이렇듯 심리학에서 모방은 본능적인 행위이면서 동시에 인간 성장 과정의 필수적인 요소로 간주한다.

한편, 이데아의 세계를 추구한 플라톤은 현실의 모방인 연극은 이데아로부터 두 단계나 떨어진 모방의 모방이며, 이런 종류의 불결한 재생산물을 시뮬라크르(모사, simulacre)[1]라고 불렀다. 플라톤은 젊은이를 현혹하는 모방 예술인 연극은 단호하게 추방되어야 한다고 주장했다. 하지만 포스트모더니즘 시대에 들어와서 오히려 모방의 가치가 강조되었다. 시뮬라크르 시대로 불리는 현대는 원본이 없는 복제, 원본보다 훨씬 현실적인 복제가 가능해졌다. 본시 복제는 원본을 전제로 하지만 시뮬라크르는 원본과 관계가 없다. 원본이 없는 시뮬라크르는 세계를 다원적으로 바라본다는 의미다. 플라톤이 말한 것처럼 원본과 복제물은 주종관계였지만, 발터 벤야민(Walter Benjamin)이 '기술 복제의 시대'라고 명명한 시뮬라크르 시대는 둘 사이의 관계가 평등하다. 고도의

1) 프랑스어 시뮬라크르(simulacre)는 가상, 거짓 그림 등의 뜻이 있는 라틴어 시뮬라크룸에서 유래한 것이다. 시뮬라크르는 실제로는 존재하지 않는 대상을 존재하는 것처럼 만든 인공물을 지칭한다. 즉, 존재하는 것보다 더 현실감 있게 인식되는 대체물을 말한다.

발터 벤야민은 유대계 독일인으로 마르크스주의자, 문학평론가, 철학자다. 예술 분야에서 저서 『기술복제시대의 예술작품』은 유명하다. 이 저서는 사진이나 영화 등의 기술 발전을 복제의 관점에서 고민하였으며, 이러한 현상이 향후 우리 사회에 어떤 영향을 미칠지 숙고하였다.

기술 발달 덕택에 사진이나 영화와 같은 복제물이 오히려 원본보다 더욱 뛰어나다는 것이다. 맛있게 연출된 음식 사진을 보고 그 음식을 주문하면 십중팔구는 실망한다. 사진이 실제보다 더욱 먹음직스러운 것이 시뮬라크르 시대의 현상인 것이다.

플라톤의 관점에서 연극은 현실을 모방하고 재현하는 예술이다. 이러한 생각은 연극사에서 오랫동안 강력하게 이어졌다. 하지만 오늘날 모방의 개념이 달라짐에 따라 무대가 현실을 모방하기보다는 오히려 현실을 밝히는 거울의 역할로 바라보는 경향이 생겨났다. 또한 모방의 주체와 객체의 역전 현상이 일어나서 현실이 연극을 모방하는 것으로 간주하기도 한다. 무대 자체를 재현이 아닌 또 다른 현실로 바라보기도 하고, 무대라는 특수한 공간을 버리고 현실 공간으로 나와 지금 벌어지고 있는 것이 연극인지 현실인지 분간할 수 없는 상황을 연출하기도 한다. 관객은 입장권을 제시하고 실내 공간에 들어온 특별한 사람이 아니라 쇼핑을 하거나 친구를 만나러 가는 일상적인 사람들로 구성된다. 복제가 원본을 지향하던 방식에서 거꾸로 복제가 원본에 영향을 끼친다는 이념에 따라 연극적 모방에 참여한 관객은 일상 현실에서 한 번도 마주한 적이 없는 사건을 접하게 되고, 그로 인한 인식이 생겨난다.

이처럼 연극과 현실 사이에서 일어나는 모방 개념의 뒤바뀜과 그 의미는 연극치료에서 관심을 두는 요소다. 연극치료 과정에서 연극을 통해 가상의 현실을 구현하는 과정에서 어느 순간 연극적 현실이 모방의 세계가 아닌 참여자의 실제가 된다. 비합리적 신념이나 억압되었던 무의식을 연극을 통해 은유적으로 표출하는 연극치료 과정에서, 그것이 갑자기 현실화되면서 예상하지 못했던 새로운 국면을 맞이하게 되고, 변화의 결정적 기제로 작용한다. 이처럼 연극치료는 연극의 기원인 인간의 본능, 모방의 치료성에 주목한다.

이를 구체적으로 살펴보자. 플라톤은 보이는 것만을 그려 내는 나쁜 모방의 대표적인 생산자로 화가를 지목했다. 화가의 그림은 거짓 혹은 환상의 테크네(techne)라는 것이다. 이러한 이념을 계승한 유럽 화가들은 그림을 통해 어떻게 하면 이데아를 충실히 재현하여 그에 좀 더 다가갈 수 있을까 고민하였다. 나쁜 모방이라는 주홍글씨에서 벗어나기 위해서는 탈플라톤주의 철학을 기다려야 했다.

전통적인 모방에서 결정적으로 탈피한 것은 모더니즘 이후의 예술이다. 모더니즘에 이르러 "차용과 혼성 모방과 재현의 영역을 확장하는 오브제와 데포르마시옹(déformation)의 예술적 장치를 통해 다원화하는 재현의 방법적 양상"(윤영범, 2015)이 나타났다. 이러한 현상은 예술에서 진실을 정확하게 모방해야 한다는 오래된 관념에서 벗어나 변형과 왜곡에 대한 의미 부여라고 할 수 있다.

전통적 모방 개념에서 벗어나고자 하는 현상은 프리드리히 니체(Friedrich W. Nietzsche)에 이어 질 들뢰즈(Gilles Deleuze)의 플라톤 전복으로 더욱 공고해졌다. 들뢰즈는 이데아와 복제의 구분은 더는 의미가 없다고 선언하고, 객관적 진리를 부정하는 포스트모더니즘의 철학을 바탕으로 시뮬라크르를 정의했다. 시뮬라크르를 옹호하는 들뢰즈는 동굴의 죄인들이 왜 태양을 바라봐야 하는지 의문을 제기했다. 들뢰즈는 참 진리라고 하는 이데아란 애초부터 없다고 말했다. 『플라톤과 시뮬라크르』에서 그는 이렇게 언급했다.

> 시뮬라크르들을 기어오르게 하라. 그리고 도상이나 복사물들 사이에서의 그들의 권리를 긍정하라. 이제 문제는 더 이상 본질-외관 또는 원본-복사본의 구분이 아니다. 이러한 구분은 표상의 세계 내에서 작동한다. 문제는 이 세계 내에서 전복을 시도하는 것, '우상들의 황혼'을 만들어 내는 것이다. 시뮬라크르는 퇴락한 복사물이 아니다. 그것은 원본과 복사본, 모델과 재생산을 동시에 부정하는 긍정적 잠재력을 숨기고 있다. 적어도 시뮬라크르 속에 내면화된 발산하는 두 계열 중 그 어느 것도 원본이 될 수 없으며, 그 어느 것도 복사본이 될 수 없다. 타자의 모델을 제시하는 것은 소용없다. 왜냐하면 어떤 모델도 시뮬라크르가 야기하는 어지러움에 견디지 못하기 때문

> 이다. 모든 관점에 공통적인 대상과 관련해서만 특권적인 관점이 존재할 수 있다. 플라톤주의의 타파에서 그것은 단지 모의하는 것, 즉 시뮬라크르의 작용을 표현하는 것일 수밖에 없다(들뢰즈의 〈차이와 반복〉).

이처럼 절대적이던 이데아의 도그마가 깨지고 사진기, 컴퓨터 등 뉴미디어의 탄생과 발맞추어 모방과 차용의 예술이 각광받는 시뮬라크르 시대가 열리게 되었다. 현대 예술에서 눈속임이나 거짓은 나쁜 모방이 아니다. 현대 예술은 모방이 인간에게 상상력을 자극하여 환각, 환상을 심어 줌으로써 새로운 시각, 관점, 철학을 갖게 한다고 보고, 이를 다각화하고 의미를 확장하고자 노력한다. 이제 새들이 속아 부딪혔다는 솔거의 〈노송도〉는 비난받을 나쁜 모방이 아닌 가짜 같은 진짜 혹은 진짜 같은 가짜를 보여 주었다는 점에서 찬사를 받아야 한다. 아래에서 위로 올려다보는 사람의 시각에 균형 잡힌 이미지를 제공하는 석굴암의 불상 또한 당연히 뛰어난 예술품이다. 이러한 예술품은 눈속임의 결정판이 아니라 오히려 우리의 세계가 환각 속의 세계라는 것을 적극적으로 강조하고 이를 수용하도록 격려한다.

플라톤에 의해 나쁜 모방으로 단죄된 회화는 현대에 들어와 다양한 실험을 한다. 현대 예술은 모방을 원본과 구분하지 않는다. 복제가 지속적으로 이루어져 원본에서 멀어진다고 해서 그 존재 가치가 떨어지지도 않는다. 그냥 하나의 존재물일 뿐 원본과의 상대적 비교로 가치를 정하지 않는다. 원본에 대한 존경심이 사라지는 현상은 동굴 속의 죄인들이 태양을 바라보아야 하는 이유에 대한 문제 제기나 벽에 비친 그림자가 허구가 아닐 수도 있다는 의문과 상통한다. 벽의 그림자가 원본이 아니라고 해서 가치가 없는 것은 아니다. 그것은 나름의 존재 이유가 있다. 중요한 것은 죄인들이 동굴 벽에 비친 그림자를 보고 그것이 사실인 것을 모르는 데 있지 않다. 그림자가 진짜냐 가짜냐 하는 것은 중요하지 않다. 중요한 것은 그림자에 대한 숙고가 일방적·단선적·합일적인 범주에 머물러서는 안 되고, 각기 고유한 해석을 가할 수 있다는 사실이다. 이런 과정을 거칠 때 비로소 자신과 그림자가 상호 역동적인 관계에 이를 수 있다. 원본을 파악해야 한다는 필수적 과제가 그에게 주어져 있지도 않다. 각자는 고유한 환경과 상황 속에 존재하는 개인으로 그림자와 마주하면 된다. 이렇듯 현대 회화는 허구의 모방을 적극적으로 활용한다. 모방은 현실을 변화시키고 참 세계에 다가설 힘이 있다고 본다.

우리는 영화관의 스크린 또는 극적 무대를 보면서 웃거나 울면서 감정을 폭발시킨다. 허상 또는 재현 앞에서 자신의 감정을 스스럼없이 드러내는 것을 민망하게 여기지 않는다. 스크린의 영상이나 무대의 세계가 허구라는 사실을 당연히 알고 있지만 그 속에 기꺼이 빠져든다. 이처럼 플라톤은 이미지나 재현의 세계가 인간에게 강렬한 영향을 미친다는 사실을 인지하고 있었다. 그가 허구, 모방, 표현, 재현 등 감정을 자극하는 예술을 가능한 한 자제해야 한다고 주장한 이유다. 하지만 오늘날 우리는 자발적으로 모방의 세계에 빠져든다. 오히려 허상을 통한 감정의 준동으로부터 억압된 상황의 철창문을 열고 밖을 마음껏 활보할 수 있다고 생각한다. 동굴에서 얼굴을 돌려 그림자를 만들어 내는 형상과 햇볕의 존재를 탐색하는 것은 이상 세계에 대한 동경일 것이다.

그런데 탈플라톤 철학은 불변, 이성, 진리의 틀에서 벗어날 때 인간은 비로소 자유로워질 수 있다고 생각한다. 모방의 세계는 현재 이곳에서 도외시해야 할 것이 아니라 비록 고통스러울지라도 함께 넘어야 할 삶의 질곡이라고 본다. 여기에는 이미지나 무대의 환각을 통할 때 현실을 직시할 수 있다는 아이러니가 숨어 있다. 이러한 모방을 적극적으로 활용하는 연극치료는 이러한 가장의 세계를 도입함으로써 참여자에게 고통스러운 현실과 직면하도록 하고 자유로운 자기표현과 변화, 나아가 치료에 이르도록 하는 예술치료의 한 방식이다.

연극사에서 모방과 허구의 문제는 19세기의 사실주의연극을 떠올릴 수 있다. 연극적 모방이 극치를 이룬 사실주의 연극은 현실을 가능한 한 충실하게 재현하는 것을 목표로 삼았다. 사실주의 무대를 현실 모방이 아닌 재현이라고 하는 까닭은 사실적 무대가 현실의 객관적 관찰에 주목적이 있기 때문이다. 에밀 졸라(Émile Zola)는 자신의 소설을 각색하여 극화한 『테레즈 라캥(Thérèse Raquin)』의 서문에서 이렇게 선언했다. "인간과 그 하는 일이 모두 정확한 분석(즉, 모든 경우에 환경과 유기적인 사건을 고려한)의 체계에 따르지 않을 수 없다. 이제 진실이 탄생되었다." 현실 모습 그대로를 무대에 올려놓으려는 사실주의연극은 자연을 가장 정확하게 그려 내고자 한 사실적 그림이나 사진의 원리와 유사하다. 물론 사실주의연극은 현실을 정확하게 그려 내면서 이를 통해 보이지 않던 것을 드러내려는 의도를 지니고 있다.

사실주의 무대는 현실에서 보고 싶지 않았던 혹은 잊고 있었던 현실을 대면시켜서 이를 상기하도록 하거나 미처 몰랐던 사실을 깨닫도록 하는 것을 목적으로 삼는다. 그렇지만 사실주의연극은 환각주의를 극대화하기 위해 무대와 객석 사이에 넘나들 수 없는 제4의 벽을 구축하여 관객의 심리적 · 감정적 틈입을 부분적으로만 허용하는 원칙을 엄격하게 적용한다. 사실주의연극에서 관객은 수동적 상태에 머물러야 하는 한계가 있어 상호 소통이 불가능하므로 이를 치료에 적용하기에는 무리가 있다.

사실주의연극과는 달리 가상의 극적 세계를 수용하되 관객의 능동적 참여를 강조한 연극이 있다. 탈이데아의 흐름에 편승하여 모방과 허구의 세계를 능동적으로 수용한 반플라톤적 성격의 연극으로 거리 두기의 서사극, 이미지를 강화한 이미지연극, 그리고 무대와 현실을 의도적으로 조합한 포스트드라마연극 등을 들 수 있다.

예컨대, 서사극은 무대를 감추지 않고 일부러 드러낸다. 관객의 눈앞에서 무대장치가 변경되고, 배우는 관객 앞에서 스스럼없이 역할을 바꾸기도 한다. 사실적 연극과는 달리 서사극은 연출의 힘이 셀수록 무대는 현실이 아닌 극적 장소라는 느낌을 준다. 서사극은 관객의 눈앞에서 허구 세계를 창조하고, 무대가 그림자일 뿐이라는 것을 적극적으로 드러내면서 무대가 현실의 모방이

서사극 브레히트가 제창한 서사극은 소외효과를 통한 거리 두기를 꾀한다. 이 사진에서처럼 관객을 응시하며 떼창을 부르는 것은 몰입에서 벗어나 거리를 두게 하는 하나의 방법이다.

출처: https://www.bl.uk/20th-century-literature/articles/brecht-interruptions-and-epic-theatre

자 허구이지 현실이 아님을 강조한다. 그런데도 관객은 서사극의 무대와 대면하여 자신의 진면목과 현실을 되돌아보고 점검한다. 환영을 통해 실재를 숙고하고 이를 자신의 현실에 적용하는 것이다. 실제로 서사극이 끝나면 관객은 자신이 처한 사회적 상황을 자각하고 행동으로 옮긴 사례가 많다.

또한 살아 있는 유기체가 구현하는 무대에 허구의 영상 이미지를 적극적으로 도입하는 이미지연극도 이에 해당한다. 이미지연극은 생생한 무대에 이미지 매체를 들여와서 허구와 실재의 벽을 허물어 무대적 환상을 강조한다. 이미지에 흠뻑 젖은 관객은 상상력이 극대화되어 제한된 공간을 뛰어넘는 가상의 세계에 휩싸인다. 상상력을 자극하는 이미지는 관객의 능동적 참여를 유도하여 그의 세계를 확대한다.

한편, 포스트드라마연극 가운데, 예컨대 '장소 특정적 연극'은 관점에 따라 과거로 회귀한 느낌을 주는 극적 양식이다. 야외연극, 길거리연극, 장터연극처럼 현실 공간과 무대 공간의 장소적 구분이 사라지고 관객과 행인의 개념이 뒤섞인다. 연극과 현실의 뒤섞임이 일어나는 연극에서 가상과 실재와의 혼용과 전도를 거쳐 허위의 세계가 가치를 인정받는다. 연극은 가상이 아니라 실재가 되며, 모방은 더 이상 모사적이 아니다. 연극적 현실이

야외연극은 일정하게 정해진 장소 없이 길거리에서 자유롭게 하는 공연이다. 사실, 우리의 전통극이나 코메디아 델라르테도 야외연극이며, 장소 특정적 연극도 야외연극을 지향한다.

출처: 김미경(2017. 12. 11.).

생성될 때 사회적 삶은 다양한 역할의 집합체가 된다. 이는 랜디(Landy, 2002)가 언급한 인간은 먹는 사람, 숨 쉬는 사람, 움직이는 사람의 역할을 최적화함으로써 생명의 의미를 수행하는 개념에 해당한다. 이렇게 해서 플라톤에 의해 추방의 대상이었던 연극의 모방은 현실에서 치료의 동인으로 작용한다.

연극치료는 무대를 삶의 환경으로 설정해 놓고 실제로 연기하기를 통해 자신의 사고와 행동을 점검하거나 삶을 예행 연습하도록 하면서 통합, 성장, 치료에 이르도록 한다. 연극치료에서 모방의 무대는 삶의 리허설 장소가 된다. 무대에서 우리 자신을 행위화하는 과정을 통해 '세상이라는 무대'에서의 삶을 위한 리허설로서 연극치료가 부여한 자유를 사용하여 우리가 어떤 사람이 될 수 있는지에 대한 비전을 확장하는 것이다.

그림자 또는 페르소나의 장소이기도 한 연극치료 무대는 하나의 거울이다. 무대인 거울에 자신을 비추는 것은 거울 속의 자기 이미지(모방)를 통해 현실의 자신을 파악하기 위한 것이다. 실은 자신이 보려는 것은 거울 속의 모습이 아니라 현실의 모습이다. 현실의 자신을 알아차리기 위해 거울 속의 이미지에 집중하는 것이다. 마찬가지로 개인이 기꺼이 관객이 되는 것 또는 연극치료의 참여자가 되는 것은 무대가 만들어 내는 허구적 세계에 빠져들기 위한 것이 아니라 그 허구와 마주쳐서 자기와 직면하기 위해서다. 플라톤이 언급한 나쁜 모방에 머물러 가짜 세계를 진짜로 착각하기 위한 것이 아니라 가짜 세계가 가짜라는 것을 알면서도 가짜 세계를 통해 진짜 모습이 무엇인지를 깨닫기 위한 것이다.

연기된 역할은 인간적인 연기 역할을 명확하고 명쾌하게 만든다(Andersen-Warren & Grainger, 2009). 연극치료 참여자는 허구가 실제가 되고, 실제가 허구가 되는 매우 특별한 전이의 경험을 한다. 만일 현실을 힘겨워하는 참여자가 연극치료의 무대가 허구가 아닌 실제라고 믿는다면 감당할 수 없는 고통으로 인해 마음의 문을 쉽게 열지 못할 것이다. 현실은 벗어날 수도, 돌이킬 수도 없는 견고함을 지니고 있다. 한 번 지나간 것은 영영 되돌아오지 않는 냉정한 현실은 후회와 고통을 안겨 준다. 그러나 극적 모방의 세계는 은밀하고 자유로우며 안전하다. 후회의 순간을 되돌릴 수도 있고, 자신이 바라는 방향으로 조절할 수도 있다. 자신의 이야기를 남의 이야기처럼 할 수도 있다. 그렇지만 허구는 허구일 뿐 언제까지 그곳에 머물 수는 없다. 어쩔 수 없이 현실로 되돌아오면 여전히 두려움이 메아리친다. 오히려 가슴 아픈 과거가 더욱 확대되고 고통의 현실이 부각된다. 그런데 이러한 모방의 세계를 후회 없이 현실화시키는 마력을 지닌 연극치료는 허구와 사실, 과거와 현재의 변증법을 통해 과거를 극복하고 현실에서 변화가 생겨날 수 있도록 도움을 준다. 안전한 극적 공간에서 허구를 현실화시키거나 과거를 현재화시켜서 문제를 극복하도록 한다. 일상적 현실이 연극적 현실로, 과거가 현재로, 현실이 상상으로 경험과 인식의 전환이 가능해짐에 따라 현실을 비추는 거울인 무대는 또 다른 종류의 현실이 된다. 허구적인 것이 또한 현실적인 것이다.

연극의 관객은 가상의 현실, 임의적 현실인 무대에서 반사된 자신의 모습을 직시한다. 이와 유사하게 연극치료의 참여자는 무대를 통해 가슴 깊이 숨겨 둔 문제를 전적으로 펼쳐 보이고 실질적으로 다가서게 된다. 가상의 공간에서 고통받는 자신을 발견한 참여자는 무대에 투영된 이미지를 현실로 가져온다. 안전한 무대에서 모방이 펼쳐질 때, 참여자는 마치 연극을 관람하듯 문제의 자신을 알아차리게 된다.

연극치료는 삶으로부터의 도피라기보다는 삶으로서 연극의 한 형식인 것이다(Jones, 2005). 모방의 무대를 통해 참여자가 현실에서 용기 있게 자신을 표현하고, 일상생활에서 긍정적인 관계 형성과 건강한 삶을 이룰 수 있다는 것은 흥미롭다. 모방이 현실을 반영하여 갈등이나 문제를 표현하고 해결책을 제시할 수 있다는 점은 연극치료의 힘을 보여 주는 것이다.

연극치료가 모방에 관심을 보이는 이유는 연극치료 작업에서 모방을 균형 있게 다룰 때 치료의 효능이 확대되기 때문이다. 또한 감정적 모방으로부터 촉발되는 카타르시스를 적절하게 운용하면 매우 효과적이다. 연극치료에서 역할연기는 역할에 대한 일종의 모방 학습이다. 가령, 지체나 자폐의 경우에는 모방에 취약하다. 자폐아의 특성은 다른 사람과 눈을 맞추지 않고, 이름을 불러도 쳐다보지 않으며, 다른 사람을 자발적으로 흉내 내거나 의미 있는 단어를 사용하는 일이 없다(Wicks-Nelson & Allen, 2011). 연극치료 참여자가 자폐아일 경우에 역할연기를 어려워하는 것은 근본적으로 모방에 대한 어려움이 있기 때문이다. 역으로 이러한 참여자가 모방을 어려워하는 것을 보면 모방이란 단순히 재현이 아닌 인간의 본능으로서 정신적·심리적 작용이 개입하고 있고 모방 대상과의 교류, 즉 상호성이 중요하다는 사실을 보여 준다. 또한 모방은 내적인 상호주관성(intersubjectivity)과도 깊은 연관이 있다.

인간은 태어나면서 다른 사람들과 감정을 교류하고 그들에게 관심을 지니는데, 이러한 마음의 상태가 상호주관성이다. 상호주관성이 분명하다면 큰 어려움 없이 모방할 수 있다. 모방은 사회문화적 행위로서 타인과 교류하거나 인습, 문화를 학습하도록 하는 중요한 수단이며, 이의 결여는 사회성의 부족으로 이어진다. 연극치료에서는 참여자가 제대로 모방만 하여도 어느 정도 치료 성과를 거둔 것으로 간주한다. 개인이 타인과 공감하고 상호 모방하며 소통할 수 있는 바탕에는 모방의 작용이 있으며, 연극치료에서 모방을 적극적으로 행하는 이유다.

2 연극의 4요소와 연극치료

연극의 3요소는 무대, 배우, 관객이다. 공연하는 장소인 무대와 무대에서 공연하는 행위자인 배우와 배우의 연기를 지켜보는 관객이 있어야 연극이 성립된다. 여기에 연극의 대본인 희곡을 포함하여 연극의 4요소라고 칭한다. 이들 중 하나만 없어도 연극이 이루어질 수 없다는 의미다. 그렇지만 현대연극에서 3요소니 4요소니 하는 구분은 큰 의미가 없다. 예컨대, 실험극이나 공동창작에서는 아예 희곡이 빠지는 수가 있다. 즉흥적으로 연기를 하는 즉흥극도 마찬가지다. 다만 기존의 희곡을 사용하지 않더라도 실험극이든, 즉흥극이든 어떤 줄거리나 이야기가 있다는 점에서 이를 일종의 희곡으로 간주할 수 있다. 여하튼 플롯에 기반한 서사성을 중요한 틀로 간주하는 전통 연극에서 희곡 없는 연극이란 상상할 수 없다. 현대에 들어와서 무대, 배우, 관객에 대한 개념도 시대적 흐름, 연극 실험적 유형, 연출가의 성향에 따라 많은 변화가 일어났다. 지금부터 이들 기본 개념을 연극치료와의 관계를 염두에 두면서 살펴보자.

1) 배우와 연극치료

배우는 무대에서 연기하는 사람이다. 무대에서 연기한다는 것은 어떤 의미이며, 그것이 어떤 점에서 치료의 개념으로 확장될 수 있을까? 아마도 배우의 개념을 넓힌다면 개인이 아침에 거울을 보고 자신의 모습을 살피는 것도 일종의 연기일 것이며, 집단생활에서 하는 다양한 얼굴 표정이나 몸짓도 연기라고 할 수 있다. 배우는 무대에서 관객과 직접 만나는 존재이므로 배우는 연극의 꽃이라고 말하기도 한다. 하지만 당연하게 보이는 배우 중심의 연극이 19세기 말에 사실주의연극이 성행하고 연극을 총지휘하는 직업적인 연출가가 등장하면서 연출가 중심의 연극으로 바뀌었다. 연출가는 작품의 선정과 분석, 캐스팅 및 극단을 운영하면서 자신의 예술 세계를 펼쳤다. 요즘 연극계에서 세계적

인 연출가들이 자주 등장하는 것은 이런 추세와 관련이 있다. 하지만 현대연극에서 몸에 대한 중요성과 수행성(performativity)이 강조되면서 무대에 몸으로 존재하는 배우가 다시 중요한 요소로 자리매김하는 추세다.

배우는 무대에서 관객과 마주하여 극적 행동을 하는 사람이다. 지적 능력과 예민한 지각 능력이 요구되는 배우는 희곡을 이해하고, 자신의 배역이 어떤 성격이며, 극에서 무슨 역할을 맡는지 파악해야 한다. 배우는 다양한 방식의 호흡, 발성, 연기 훈련을 통해 주어진 역할을 소화해 내야 한다. 많은 연극인이 어떻게 하면 새로운 역할로 변신할 수 있을지 탐구해 온 결과, 실로 다양한 연기 훈련법이 생겨났다. 연기 훈련은 전통적으로 연극인이라면 고민하는 것이었다. 관객의 집중적인 시선을 받으며 역할을 수행하는 배우는 역할과 관객의 반향을 통해 현실에서는 느낄 수 없는 다양한 감정을 경험하고, 때에 따라 감정이 정화됨을 느끼기도 한다. 극적 공간에서 관객을 앞에 두고 역할을 열연하는 배우는 관객과 교감하면서 전율, 쾌감, 정화됨을 통해 성장, 변화, 치유의 느낌을 받는다. 한 번 무대에 서 본 경험이 있는 사람, 커튼콜에서 우레와 같은 박수를 받아 본 사람이 연극의 매력에서 쉽사리 빠져나올 수 없는 것은 이런 까닭이다. 연극치료에서도 치료사와 참여자가 치료의 과정에서 배우의 이러한 내적 경험을 고스란히 느낄 수 있다면 더할 나위 없을 것이다.

무대에서 대사는 주고받음이다. 심지어 독백도 내적 자기와 외적 자기의 주고받음이다. 배우는 대사를 자기 것으로 만들기 위해 수도 없이 반복적인 연습을 한다. 연출가나 선배 배우는 혼자서는 대사 연습을 하지 말라고 조언한다. 무대에서 상대역과 함께 주고받으며 연습할 때 정확하고 빠르게 입력이 되기 때문이다. 상대방의 대사를 모르고는 연기가 이루어질 수 없다. 이런 이유로 자신의 대사보다 상대방의 대사가 쉽게 입력이 되는 것이다. 주고받을 수밖에 없는 대사에 의해 펼쳐지는 연기는 소통의 훈련장인 셈이다. 소통의 훈련장에서 배우는 역할연기로부터 자신에 대해 더 깊이 알게 된다. 배우는 역할을 통해 자신을 파악한다. 말하자면 역할이 제시하는 타인이 되어 봄으로써 그에 비친 자기를 알아차리는 것이다.

구체적으로 배우의 특징은 다음과 같다. 배우는 일종의 감정 전달자다. 배우는 웃거나 울면서 관객에게 정서적인 강력한 영향을 끼친다. 또한 언제든지 극적 인물을 염두에 두는 배우는 상상력과 창조력이 풍부하다. 배우는 독창적인 시선으로 세상을 바라보며 다르게 생각하고 다르게 표현한다. 배우는 현실의 문제를 보편성에서 벗어난 방식으로 해결하는 치료사인 것이다. 흔히 궁정의 광대로 불리는 광대는 문제를 만났을 때 일반인과는 다른 방식으로 접근한다. 동화 『달과 공주』에 등장하는 광대 역시 이러한 모습을 잘 보여 준다. 어린 공주는 하늘에 떠 있는 아름다운 금빛의 달을 갖고 싶었다. 공주가 졸라 대자 왕은 나라의 덕망 있는 학자를 불러 공주를 설득하라고 지시한다. 학자는 달은 아주 먼 곳에 있으며 보기에는 작지만, 막상 가 보면 너무나 커서 따올 수 없다고 논리적으로 설명한다. 하지만 이를 이해할 수 없었던 공주는 그만 병이 나고 말았다. 이때 평소에 공주와 잘 놀아 주던 광대가 나타났다. 광대는 설명 대신 공주에게 질문한다.

광대: 공주님, 달은 어떻게 생겼나요?

공주: 동그랗게 생겼지.

광대: 그럼 달은 얼마나 크지요?

공주: 바보, 내 손톱만 해. 이렇게 손톱으로 가려지잖아.

광대: 그럼 달은 어떤 색인가요?

공주: 바보, 그것도 몰라. 황금빛이잖아.

광대: 알겠어요, 공주님. 제가 가서 달을 따올 테니 조금만 기다리세요.

광대는 손톱만 한 크기의 동그란 황금빛 구슬을 만들어 공주에게 주었다. 공주는 달을 받고 아주 좋아했다. 하지만 밤이 되자 여전히 하늘에 뜬 달을 보며 왕은 다시 걱정했다. 그러자 광대가 다시 나섰다.

광대: 공주님, 하늘에 달이 또 있어요.

공주: 바보야. 이빨이 빠지면 또 나잖아. 달도 따면 또 생기는 거야.

광대의 문제해결력은 공감 능력이 뛰어난 치료사를 연상시킨다. 그는 앞서서 참여자(공주)를 이끄는 대신에 문제를 던져 주고 뒤따라가는 방식을 택했다. 누구든 스스로 알아차리지 않는 한 진정한 변화에 이를 수 없다는 것을 치료사 광대는 잘 보여 준다. 치료사의 관점에서 배우-광대는 사회적 관례에서 벗어나도 나무랄 수 없는 특권을 지닌 사람이다. 일반인과는 다른 사람, 좀 더 공상적이고 상상력이 뛰어난 사람으로서 배우-광대는 이성

달과 공주 혹은 공주님의 달

적이고 논리적으로 해결하지 못하는 문제를 풀어내어 공주의 병을 낫게 한다. 이것이 권력자들이 광대를 곁에 두고 싶어 하는 이유였다. 비현실적이며 익살꾼인 광대는 바보로 불리기도 했지만, 그래서 오히려 왕에게 거리낌 없이 말을 할 수 있었다. 이러한 광대-배우는 극작품에서도 심심찮게 만날 수 있다.

셰익스피어 작품에는 광대가 자주 등장한다. 가령, 『뜻대로 하세요(As You Like It)』의 터치스톤(Touchstone), 『십이야(Twelfth Night)』의 페스테(Feste), 『리어왕(King Lear)』의 바보(Fool) 광대가 있다. 항상 리어왕의 곁에서 왕의 시련과 함께하는 바보 광대는 바보라고 불리지만, 실은 누가 정직하고 위선적인지 정확하게 판단할 줄 아는 인물이다. 바보가 최고의 통치자보다도 세상을 바로 본다는 것은 아이러니다. 리어왕이 충신의 충고도 무시하고 결국 추방당하는 상황이 되자 바보 광대는 왕의 어리석음을 서슴없이 지적한다.

바보 광대: 아저씨, 왜 사람 코가 얼굴 한가운데에 있는지 알아?

리어: 몰라.

바보 광대: 그야 코 양쪽에 눈을 두려고 그러지. 그래야 냄새로 알아내지 못한 걸 눈으로 들여다볼 수 있잖아.

리어: 내가 그 아이한테 잘못했어…….

바보 광대: 굴이 어떻게 제 껍데기를 만드는지 알아?

리어: 모른다.

바보: 나도 몰라. 하지만 달팽이가 왜 집을 갖고 다니는지는 알아.

리어: 왜?

바보 광대: 그야 자기 머리를 감추려고 그러지. 집을 딸들에게 내어 주면 제 뿔을 감춰 둘 데가 없잖아.

-『리어왕』, 이희원 옮김, 2012, 시공사. 1막 4장, 15-25. -

그 존재만으로 웃음을 선사하는 광대는 관례에 어긋나는 행동으로 심각한 상황마저 웃게 만든다. 상식과 관례를 벗어난 바보 광대는 자기검열 없는 거침없는 표현으로 지배계급의 위선과 가식을 발가벗긴다. 특별한 어리석음이 허용된 이들은 바보의 지위를 활용하여 권력자를 비난하거나 조롱한다. 『리어왕』의 바보 광대도 이와 비슷한 유형이다. 그는 바보짓으로 관객을 웃게 하는 것 이외에 권력자를 조롱하거나 풍자하고, 『달과 공주』의 광대처럼 문제를 해결하기도 한다. 만일 연극치료 작업에서 이러한 성격의 바보 광대를 재미있게 표현할 수 있다면 즐겁고 홍겨운 분위기에서 참여자에게 마음의 문을 쉽게 열도록 할 것이다.

치료사 또는 참여자가 일종의 광대로서 습관과 억압적인 규칙에서 벗어난 상상력과 창조력을 마음껏 발휘할 수 있다면 그것은 이미 치료 작업이라고 할 것이다.

무대에서 배우들이 역할과 역할 사이의 주고받음은 연극치료에서 치료사와 참여자의 주고받음, 참여자와 역할의 주고받음에 해당한다. 일정한 리듬 속에서 적절한 주고받음이 이루어질 때 강한 치료의 파동이 일어난다. 치료사는 권력자, 지배자, 훈시자, 교사가 아니다. 치료사 역시 상처와 고민이 있는 참여자와 동등한 인간일 뿐이다. 무대의 배우는 혼자가 아니라 항상 누군가와 소통의 과정에 있다는 점에서, 연극치료의 공간에 있는 모든 존재는 각자의 역할을 수행하는 평등한 존재라는 점을 일깨워 준다.

2) 배우와 연극치료사

치료사는 참여자를 진단 및 평가하고 치료 프로그램을 구성하는 등 전 치료 과정을 계획한다는 점에서 연출가와 닮았다. 또한 치료 현장에서 치료사이자 참여자의 놀이 대상으로서 매 순간 변신한다는 점에서 배우이자 관객이기도 하다. 이렇듯 치료사는 연출가, 배우 또는 관객이 될 수 있지만, 무엇보다도 배우를 떠올릴 수 있다. 일단 무대에서 현실과는 다른 삶을 경험하는(살아가는) 배우를 치료사와 비교할 수 있다. 배우는 연기 훈련과 자아 성찰을 통해 훌륭한 배우로 거듭난다. 치료사 역시 다양한 이론 습득과 실습을 통해 훌륭한 치료사가 된다.

구체적으로 어떤 사람이 연극치료사가 될 수 있을까? 이 물음에 대답하기는 간단하지 않다. 누구나 치료사가 될 수는 있지만 아무나 될 수 있는 것은 아니다. 무엇보다도 치료사는 이론과 실제에 있어 연극과 친해야 한다. 연극의 개념, 원리 그리고 연극의 특성을 잘 알아야 한다. 관객과 소통을 경험했거나 무대를 직접 접해 본 사람이라면 치료사로서 장점이 될 수 있다. 치료사가 연출가나 배우 또는 스태프의 경험을 했다면 더할 나위 없이 좋은 조건이다. 따라서 치료사가 되어야겠다고 결심을 했다면 연극과 친하게 지낼 준비를 해야 한다. 관객으로서 자주 공연을 관람하는 것도 좋다. 설령 지금까지 연극을 자주 접하지 못했다면 이제부터라도 관심을 갖고 연극을 관람하며 희곡을 읽고 관련 서적도 읽는 것이 필요하다. 제닝스가 요구하는 치료사의 자질과 능력은 그야말로 전지적이다.

> 연극치료사가 되려면 움직임과 춤과 마임뿐 아니라 목소리-화술과 노래 부르기, 즉흥연기, 즉흥극과 텍스트 작업에서의 인물 구축, 배우이자 연출가로서 장면 연출, 무대 연출, 조명, 의상과 디자인, 가면 및 여타 소도구, 극작술과 장면 구성, 예산과 행정 업무에 대한 기본적인 작업 경험이 있어야 한다(Jennings, 2003).

그에 따르면 치료사는 배우 영역을 통달해야 하고, 연출가로서 능력도 보여야 하며, 예술 경영의 경험도 필요하다. 특히 치료사의 자질로 중요하다고 판단되는 것은 치료 집단에서 이야기를 활용할 때, 어떤 이야기가 적합한지 찾아낼 수 있는 능력이다. 꼭 희곡이 아니라도 신화나 전설, 문학작품이나 그림, 음악을 통해 적절한 이야기를 구성할 수 있어야 한다. 치료사는 배우나 연출가처럼 희곡의 분석 능력이 필요하다. 인물의 성격, 시간과 공간의 구조를 분석하고 해석하여 희곡의 언어를 무대에서 살아 있는 입체적인 인물로 만들어 내야 한다. 도식화되어 있지 않은 즉흥적 장면에서 상황에 적절히 대처하기 위해서는 치료사의 순발력과 판단력도 요구된다. 이러한 다각적인 능력은 끊임없는 노력과 자기계발에서 비롯되므로 많은 독서량과 실전 경험이 필요하다.

종합하면 치료사는 연극과 꾸준히 접하고 창의적인 사고를 할 수 있도록 갈고닦아야 한다. 이러한 다중적 요구는 치료사의 길을 가려는 사람에게 상당한 부담일 수 있다. 하지만 연극 경험이 없는 사람이라도 몇 가지 점에 집중적으로 접근하면 문제는 없다. 가령, 제닝스(Jennings, 2003)는 치료사가 최소한 연기와 연출의 측면에서 움직임과 목소리와 공연의 경험을 확실히 다져 둘 필요가 있으며, 공연장에 가서 총체적인 공연을 구성하는 다양하고 복합적인 요소들을 눈으로 확인해야 한다고 말했다. 연기 훈련의 측면에서 발성, 호흡, 기본적인 움직임 등 연극의 기초적인 요소를 습득하면 유익하고, 연극을 자주 관람할 필요가 있다는 것이다. 공연을 관람할 때는 배우의 연기나 줄거리 전개에 집중하기보다는 무대의 구조, 조명의 사용, 인물들의 움직임이나 목소리 등을 종합적으로 바라보는 것이 좋다.

그렇다고 배우나 연출 경험이 있다고 해서 꼭 훌륭한 치료사가 되는 것은 아니다. 연극에 대한 이해는 기본이고, 가장 중요한 것은 치료사의 덕목이다. 치료사에게 요구되는 덕목은 인성, 공감 능력, 상상력과 창조력이다. 나아가 자아존중감이 높고 왜곡됨 없이 인간관계를 형성하고, 방어기제를 적절히 작용하고, 긍정적인 사고를 갖는 것도 중요하다. 빼놓을 수 없는 것은 치료사로서의 마음가짐인데, 이 마음가짐이 타고난 공감 능력과 조화를 이룰 때 커다란 시너지 효과를 일으킬 수 있다.

결국 좋은 연극치료사가 된다는 것은 쉼 없이 공부하고 끊임없이 자신을 성찰해야 한다는 의미다. 연극치료는 참여자에 앞서 치료사 자신을 알아차리도록 한다는 강점이 있다.

또한 치료사는 어떤 방식으로든 연극적인 통과의례를 거쳐야 한다. 이 통과의례는 자전공연과 마찬가지로 자신이 직접 연극치료를 경험했을 때 진정한 치료사가 될 수 있다는 견해다. 연극치료 과정을 스스로 체험하고, 그것으로부터 받는 경험적 교훈이 무엇보다도 소중하다. 통과의례는 치료받는 입장에서 치료하는 입장으로의 전환을 뜻한다. 이는 인간의 삶 전체에 적용되는 발달 단계처럼 꼭 거쳐야 하는 필연적인 단계다. 인간, 가족, 사회는 각각 발달 단계를 지니고 있다. 발달 단계에서 한 단계를 뛰어넘기 위해서는 일정한 통과의례가 필요하다. 이것은 돌잔치나 입학식 같은 형식적 의례를 포함하며, 아이에서 어른으로 진입하는 사춘기라는 질풍노도의 단계도 포함한다. 사회적으로 아이가 성인이 되기 위해서는 문화마다 독특한 성인 통과의례를 거쳐야 한다. 위험하고 두렵기도 한 이 의례를 통과할 때 비로소 성인으로 인정받는다. 개인 대 개인의 관계 설정에도 통과의례가 필요하다. 내가 누군가를 받아들이거나 반대로 누군가 나를 받아들일 때 각자 나름대로 설정한 관문을 통과해야 한다.

연극치료의 통과의례는 치료사가 참여자로서 연극치료에 참여하는 것이다. 상처가 없는 인간은 없다. 정도의 차이는 있지만, 인간은 누구나 고통, 두려움, 수치심이 있다. 치료사로서 누군가의 아픔을 어루만질 수 있는 진정한 손길을 지니기 위해서는 그 손길에 어떠한 사심이 개입되어서는 안 된다. 따라서 치료사는 자신의 무의식 속에 있는 비기능적 신념, 비합리적 사고, 트라우마, 과도한 방어기제, 원활하지 못한 대인관계 등을 구체적으로 파악하고 해소할 시간을 가져야 한다. 스스로 정화됨 없이 누군가를 치료하겠다는 태도는 어린아이가 어린아이를 돌보는 것과 다를 바 없다. 치료사에게 통과의례는 정화된 자가 되기 위한 선택됨이자 신내림 같은 고통의 순간이다. 신의 음성을 듣는 자가 되기 위해서는 산통과 같은 극적인 고통을 겪지 않으면 안 된다. 치료사의 통과의례는 배우가 주어진 역할과 통합되기 위해 건너야 하는 고난의 여정과 같다.

한편, 치료사는 참여자와의 관계 설정에 주의해야 한다. 연극치료는 치료사가 주고 참여자가 받는 일방향이 아니라 수평적 관계에서 주고받는 양방향으로 이루어져야 한다는 점을 명심해야 한다. 연극치료사는 참여자가 스스로 자신의 문제를 인식하고 해결할 수 있도록 키잡이 역할을 한다. 치료사는 참여자가 행동할 수 있도록 도움을 주는 일종의 촉진자이므로 이들 관계는 역동적이다(Jennings et al., 2010). 제닝스는 치료사는 자유로움과 엄격함 사이에서 중용을 찾아야 하며, 한걸음 물러서서 치료에 임할 것을 권한다. 치료사가 직면하는 가장 어려운 문제는 안전하고 융통성 있는 구조에서 자유롭게 작업하는 것과 엄격한 형식을 지닌 드라마 사이에서 중용을 찾는 것이다. 치료사가 자극제를 제공한 후에 한걸음 물러나면 다음은 참여자의 몫으로, 치료 작업은 그의 자발적인 참여로 진행된다. 이렇듯 연극치료는 적절한 균형을 이룬 거리 두기가 매우 중요하다.

3) 관객과 연극치료

연극은 관객과 직접 소통하는 예술로서 관객이 없다면 성립할 수 없다. 캔버스 앞에서 그림을 그리거나 백지에 시를 쓰는 행위가 예술가 자신으로 향하는 내적 예술이라면, 연극은 관객을 향하는 외적 예술이다. 내적 예술이 잠재적인 관객을 염두에 둔다면, 외적 예술은 직접 눈앞에 관객이 존재하며 현장에서 생겨난 피드백으로 인해 연극이 예상치 못한 방향으로 흘러가기도 한다. 공연에 참여하는 관객은 매번 새로운 관객이므로 연극은 언제나 가변적이다. 연극은 기대하지 않았던 관객의 기운으로 뜻밖의 결과를 창출하기도 한다.

연극 관객의 특징은 집단적이라는 점, 능동적이라는 점 또한 무대와 직접 소통한다는 점이다. 극이 진행되는 동안에 무대는 관객의 거울이 되며, 관객은 무대의 에너지원이 된다. 관객은 거울에 반영된 자신을 보며 자아를 직시하고, 세상이 혼자가 아닌 타인과의 관계를 통해 이루어진다는 것을 깨닫는다. 관객은 연극을 통해 새로운 삶을 상상하고 이해하며 무대의 삶을 자신의 삶에 덧씌우기를 한다. 연극이 진행되는 공간은 인본주의가 활성화된 곳이다. 배우와 관객이 동시에 존재하는 연극 공간은 강렬한 감각적 경험을 제공한다. 마주 보는 배우와 관객의 현존과 감각적 경험은 연극치료에서도 매우 중요한 포인트다.

관객이 시간을 할애하고 지갑을 열어 연극을 관람하는 이유는 생생한 재미를 맛보고, 감동하고, 배우와 직접 감정을 교류하면서 역동적 분위기에 자극을 받아 마음가짐을 새롭게 하기 위함이다. 연극은 무엇보다도 감동적이고 재미가 있어야 한다. 관객은 감각적 · 심리적 · 정신적 즐거움을 위해 공연장을 찾는다. 현장에서 오감이 종합적으로 작용하는 연극에서 감각적 즐거움은 매우 중요하다. 17세기 프랑스의 희극 작가이자 배우였던 몰리에르(Molière)도 연극에서 가장 중요한 것은 관객에게 즐거움과 감동을 주는 것이라고 말했다. 공연이 진행되는 동안에 관객이 지루하다는 느낌을 받는다면 연극은 실패한 것이다. 희극은 경쾌하고 유쾌한 기분을 주어야 하며, 비극은 엄청난 태풍 뒤에 나타나는 맑고 청명한 하늘처럼 카타르시스를 통해 정제된 기분을 맛보도록 해야 한다. 관객은 무대에서 생겨나는 감동적 자극을 통해 다른 삶을 엿보고 이해하며, 그들의 삶과 동일시하고 새로운 경험들을 축적한다. 관객은 무대의 인물에 투사하여 스스로 주인공이 되어서 자기를 되돌아보고 숙고한다. 또 통찰력을 가동하여 외부 세계에 대한 인식을 새롭게 하고 미래에 대한 예지를 기른다. 연극을 통해 관객은 사회적 · 윤리적 · 철학적 · 인간적인 측면에서 반성하고 거듭난다는 점에서 연극은 자신을 재발견하도록 하는 강력한 예술이라고 할 수 있다.

브레히트 또한 관객과 접촉이 없는 연극은 무의미하다고 언급한다. 서사극이 궁극적으로 관객 교육을 목표로 했던 만큼 그가 말한 관객과의 접촉은 일반 연극과는 그 의미가 다르다. 이렇듯 연극은 관객을 위해 존재한다. 흥미로운 것은 관객은 연극을 감상하는 자인 동시에 창조자의 역할을 한다는 점이다. 객석에 불이 꺼지고 무대에 조명이 들어오면 관객은 긴장된 호기심을 한껏 증폭시켜서 새로운 세상이 어떻게 펼쳐질지, 무슨 일이 벌어질지 궁금해한다. 극이 진행되면서 어느 순간부터 관객은 자신의 의지와는 상관없이 능동적 태도로 무대에 개입한다. 각 분야의 예술가들이 공동으로 참여하여 만들어지는 연극은 혼자만의 작업으로도 만족감을 얻는 자폐적인 예술과는 거리가 멀다. 화가가 그림을 그린 뒤에 전시를 하는 것은 관객과 만나기 위해서다. 소설가나 시인이 소설이나 시집을 출판하는 것도 독자(관객)와 만나기 위해서이지만, 연극의 관객은 미술이나 문학의 관객과는 전혀 다른 성질을 지닌다. 현장에서 직접 교감하는 것이다. 즉시 피드백을 주는 관객은 그 자리에서 배우에게 영향을 끼친다. 화가가 그려 놓은 미술품을 감상하는 관람객은 그림이 마음에 들지 않아도 손써 볼 도리가 없다. 소설의 줄거리가 못마땅해도 독자는 개입할 여지가 전혀 없다. 하지만 연극의 관객은 일방적으로 받아들이는 수동적인 관객이 아니라 무대에 커다란 영향력을 행사하는 능동적인 관객이다.

좋은 연극이란 한마디로 관객과 함께 만들어 가는 연극이다. 한국의 전통 연희에서 관객의 추임새가 흥을 돋우고 분위기가 상승하면 배우들의 창조적 즉흥성이 더욱 가속화된다. 소설가로 출발한 사르트르가 극작가의 길로 들어선 것도 연극의 실시간 피드백에 대한 매력 때문이었다. 현실참여(앙가주망)가 중요한 실존 철학자로서 즉각적으로 이루어지는 관객의 반응은 거역할 수 없는 매력이었다.

관객의 역동적 반응은 배우에게 영향을 미쳐 에너지를 활성화함으로써 연극을 전체적으로 변모시킨다. 연극에서 관객의 의미가 중요한 것은 이 지점이다. 능동적인 참여자인 관객은 생생한 현장감을 불러일으켜서 배우에게 바로 에너지를 전달한다. 무대의 배우는 예상치 못한 관객의 반응에 자신도 모르게 연기에 더욱 집중하거나 그 반대가 되기도 한다.

관객과 배우는 작용과 반작용을 통해 함께 무대를 만들어 가는 존재다. 배우와 에너지를 교환하는 관객은 다른 관객들과도 화학작용을 일으켜서 거대한 자장이 흐르는 집단을 형성한다. 관객이 자기를 잊고 집단에 화합하지 못한다면 제대로 관람한 것이 아니다. 개인이 집단의 기운에 기꺼이 합세한다는 것은 자기로부터 벗어났다는 의미다. 소위 황홀경 또는 무아 상태로 표현되는 자의식의 비워짐은 새로운 것을 받아들일 준비가 완료된 상태다. 라이브 공연에서 청소년들이 열광과 환호의 도가니 속에서 실신 상태에 이르는 것은 일상을 제어하는 자의식이 사라졌기 때문이다. 현장의 생생함 속에서 집단 에너지는 세상과 벽을 쌓고 타인과 소통을 단절시킨 개인의 자의식을 무너트리고 마음의 문을 열도록 한다. 연극에서 애초에 관객은 개인으로 시작했으나 공연이 진행되면서 에너지가 증폭된 활화산 같은 집단이 된다.

연극사에서 이러한 관객의 위상은 변화를 거듭해 왔다. 연극의 관객은 어떤 부류의 사람들인가? 공연장 안으로 들어가는 순간을 상상해 보자. 도시의 떠들썩한 소음을 뒤로하고 티켓을 제시한 다음에 어둑한 공간으로 들어서는 순간, 지금까지의 일상과 갑자기 단절되는 느낌을 받는다. 관객은 일상에서 공연장 안으로 들어가는 순간에 갑자기 새로운 세계와 만난다. 무대의 조명은 꺼져 있고 객석은 자리를 확인하는 관객으로 어수선하지만, 그 공간에 존재하는 자체로 어떤 기운이 물밀 듯이 밀려오는 것을 느낀다. 이는 현실 세계에서 극적 세계로 전이하는 과정에서 생겨나는 현상이다. 이러한 과정과 현상에서 관객은 몸과 마음이 준비되어야 비로소 연극과 마주할 수 있다. 공연장 조건에 따라 무대에 막이 내려져 있을 수도 있고, 무대 장치가 고스란히 드러날 수도 있다. 자리에 앉은 관객은 무대를 바라보거나 팸플릿을 뒤적이며 곧 시작될 공연에 대해 설레는 마음으로 기대를 한다. 관객에게 이 시간은 일상에서 연극으로의 이동 시간, 즉 일상에서 연극으로 변형되는 순간이다. 이러한 관극을 위한 준비 과정은 무엇이든 새롭게 시작할 때 필요한 웜업에 해당한다고

아리안 므누슈킨(Ariane Mnouchkine)은 프랑스의 연극 연출가로 '태양극단'을 설립하였다. 2006년에 내한하여 국립극장에서 〈제방의 북소리〉로 공연하여 호평을 받았다.

할 수 있다.

프랑스 연출가 아리안 므누슈킨(Ariane Mnouchkine)은 공연에 앞서 관객이 일상에서 벗어나 극적 세계로 진입할 수 있도록 완충 공간을 제시했다. 공연장에 도착한 관객은 바로 내부로 들어가는 것이 아니라 중간 지대인 로비 같은 곳에서 연기하게 될 배우들과 직접 만나도록 한다. 배우들은 관객과 섞인 상태에서 분장도 하고 의상도 차려입는다. 서로 말을 걸고 이야기를 해도 상관없다. 이 중간 지대에서 관객은 좀 전까지 있었던 일상에서 멀어져서 점차 연극 안으로 들어오게 될 것이다. 이 정도의 의도적인 완충 장치가 없더라도, 일반 연극에서도 객석에 앉은 관객은 앞으로의 공연을 기대하는 마음이 충만하다. 공연 시작을 알리는 종이 울리고 객석의 조명이 꺼지면 긴장감이 고조된다. 여기에 음향이 곁들여지면 알 수 없는 세계가 펼쳐질 것이라는 기대감이 생겨나면서 관객은 극적 세계로 빠져든다. 물론 공연이 진행되면 이러한 긴장감은 서서히 완화된다. 관객에게 상승된 긴장감을 어느 정도 유지하도록 할 수 있는가는 연출가의 능력이기도 하다.

극적 세계로 진입하면 좀 전과 전혀 다른 사람이 되는 관객의 특징은 다음과 같다. 첫째, 관객은 현실에서 지니고 있던 평소의 사태로부터 멀어진다. 일상과 멀어진다는 것은 자신에게 이익이 되고 안 되고에 전혀 상관하지 않는 무상성의 인간으로 변한다는 의미다. 둘째, 무상성의 관객은 다음 단계인 의심을 거둔 상태로 진입하게 된다. 이제부터 관객은 앞서 말한 공모자가 되어 무대에서 벌어지는 일은 무엇이든 믿게 되는 믿음의 상태가 된다. 이러한 완벽한 믿음과 신뢰감은 연극 공간에서 벌어지는 특이한 현상이다. 이곳의 관객은 일상에서 의심으로 가득했던 삶과 완벽하게 결별한다. 어떠한 이익 행위나 의심이 없는 상태가 곧 관객의 특징이다. 순수한 상태가 된 관객은 바깥 세상에서 지저분한 낙서로 가득했던 마음이 아무것도 쓰이지 않은 백지상태가 된다. 따라서 관객이 공연을 관람한다는 것은 백지에 다양한 내용의 글쓰기를 한다는 의미다. 나아가 이처럼 순수성을 지향하는 관객의 입장에서 연극은 현실의 모방이나 재연이 아니라 일상과 차별화된 또 다른 세상이라고 할 수 있다.

한편 이따금 관객은 무대를 바라보면서 마음의 위로를 받는 경우가 있기는 하지만, 직접적인 치료의 대상자는 아니다. 공연장에 들어선 관객은 치료를 기대하지는 않는다. 관객이 우연히 무대의 사건에 커다란 자극을 받아 감정을 마음껏 발산하면서 카타르시스를 경험하고 후련한 속풀이의 기회를 가질 수는 있지만, 그것을 치료라고는 할 수 없다. 연극 관객은 집단이지만 그들 사이에서 어떠한 텔레가 형성하고 작용하는지 굳이 따지지 않는다. 그들은 하위집단을 형성할 이유도 없으며, 공연이 끝난 후에 지지와 격려의 나눔의 시간도 필요 없다. 연극 관객은 오로지 무대를 향해 있으며, 무대의 사건들을 자신의 느낌과 상황에 따라 각자의 방식대로 수용하고 해석한다. 설령 관객이 무대에 참여하는 연극이라도 관객의 참여 정도는 한계가 있다.

일반적으로 연극에서 관객의 무대 개입은 금기 사항이다. 이 금기를 위반하면 연극은 진행될 수 없다. 대체로 관객은 객석에 앉아 연극을 관람하는 사람으로서 한자 '볼 관(觀)'은 무대를 바라보는 것을 뜻한다. 라틴어 'spectō(보다, 관찰하다)'에서 파생된 'spectator' 또한 바라보는 사람을 뜻하며, 라틴어 'audiō(듣다)'에서 파생한 'audience'는 듣는 사람을 뜻한다. 애초에 관객은 보는 사람이자 듣는 사람이었다. 이러한 관객의 특징 가운데 보고 듣는 차원을 넘어 현존의 신체로 참여하는 관객, 불신이 사라진 백지상태의 순수성은 연극치료에서 치료의 활용 근거가 된다.

연극치료가 이루어지는 치료 무대에서 참여자는 그곳이 지금까지 살아온 세상과 별개라는 확신이 있어야 한다. 참여자가 의심을 거두고 일상과 다른 차원의 세상과 만날 때, 극적 세계에서 벌어지는 이야기를 창작하거나 역할연기를 할 때 진정으로 새로운 의미를 만들어 낼 수 있다. 참여자가 펼치는 역할연기는 가정이나 모방이나 그럴듯하게 척하는 연기가 아니라 백지상태에서 언어와 몸으로 새롭게 글쓰기를 하는 것이다.

(1) 연극치료의 참여자

상담이나 심리치료를 받으러 오는 사람을 보통 영어 발음 그대로 클라이언트(client)라고 하거나 내담자 혹은 대상자 등으로 표현한다. 병원에서 의사의 진찰을 받는 사람을 환자라고 부르는 것과는 달리 연극치료에서 치료의 대상자에 대해 분명하게 통일된 명칭은 없다. 연극치료에서 치료받기를 원하는 사람, 연극치료사와 치료를 시작한 사람을 어떻게 불러야 할까? 상담이 필요한 클라이언트나 내담자 등으로 부르기에는 연극치료의 대상자는 좀 더 색다른 특징을 갖고 있다.

연극사에서 관객의 위상 변화를 살펴보는 것은 연극치료 참여자 파악에 유용하다. 앞서 연극 관객의 능동적이고 즉각적인 특징을 언급했지만, 이러한 관객의 개념이 확립된 것은 그리 오래된 일이 아니다. 연극사를 보면 연극이 권력과 연합하거나 결별하는 과정에서 관객의 위상도 부침을 거듭한다. 연극의 양식에 따라 배우와 관객의 개념은 상당한 차이가 있다. 배우와 관객 사이의 경계선도 유동적이었다. 원시의 공동체 연극에서는 이 경계선이 상당히 애매했다. 관객 중에 졸지에 배우가 되기도 하였으니 딱히 배우이면 배우, 관객이면 관객이라는 명칭도 없었고 모두가 배우이자 관객이 되어 연극을 펼쳐 냈다. 특별히 구획된 경계가 없어서 배우와 관객은 수시로 경계선을 넘나들었다.

하지만 고대 그리스의 극장은 경계선이 뚜렷했다. 다만 무대가 객석으로 돌출되어 있다는 특징이 있다. 르네상스 시대에 프로시니엄 무대가 생겨나면서 무대와 객석 사이의 경계는 더욱 강화되었다. 거대하고 위압적으로 건축된 극장 건물은 권력과 부를 상징하였으며, 계층에 따라 객석이 달라졌다. 상류층의 관객은 상층의 푹신한 의자에 앉아 무대를 관찰하였다면, 하류층의 관객은 선 채로 무대 앞 빈 공간에서 관람하였다.

양차 세계대전 이후에 생겨난 실험극 혹은 전위극은 배우와 관객의 역할 변혁을 예고했다. 극중극을 통해 배우가 관객이 되기도 하는 등 즉흥성을 강조하여 관객을 적극적으로 끌어들였다. 20세기 후반부터 본격적으로 대두된 포스트드라마연극에는 배우와 관객의 구분이 모호한 경우가 많다. 무대와 객석이 따로 구분되어 있지 않고, 관객이 공연장을 마음대로 돌아다니면서 배우와 함께하는 이머시브 연극이 있는가 하면, 다큐멘터리연극을 표방하여 일반인을 무대에 세우기도 하고, 공간의 의미를 재해석하면서 배우가 관객이 되고 관객이 배우가 되는 전이 현상도 생겨났다.

연극치료에서는 배우를 치료사로, 관객을 참여자로 간주할 수 있지만 굳이 역할을 정할 필요는 없다. 연극치료는 무대와 객석이라는 구획된 경계를 굳이 필요로 하지 않기 때문에 치료사와 참여자는 함께 움직이며 역할은 수시로 바뀐다. 이러한 까닭에 연극치료를 받으러 온 사람을 내담자 대신 참여자(participant)로 부른다. 이는 참여자가 수동적 역할에 머물지 않고 치료사와 함께 참여한다는 의미다. 치료사와 참여자가 동참하여 연극치료를 실천한다는 의미에서 동참자(coparticipant)라고 불러도 무방하다.

(2) 연극치료의 관객

연극치료에도 관객이 존재한다. 그러나 연극치료의 관객은 연극의 관객과는 다르다. 연극치료의 관객은 사이코드라마처럼 크게 둘로 나뉜다. 하나는 일반 연극과 유사한 관객의 개념으로, 이를테면 치료적 공연에 참여하는 관객이다. 다만 이들은 무대의 공연자-참여자와 유관한 사람이거나 적어도 치료에 동참한다는 점에서 일반 연극의 관객과 차별적이다.

또 다른 하나는 참여자로서의 관객이다. 이들 관객은 그저 바라보는 사람이 아니라 작업의 흐름에 따라 참여자, 나아가 동참자가 된다. 환자이자 참여자 또는 동참자인 관객은 연극치료의 근본적인 성격을 잘 보여 준다. 이들 환자-참여자-관객은 작업의 흐름에 따라 직접 무대의 배우가 되어 역할연기를 하거나 무대에서 벗어나 관찰자가 된다. 다른 참여자들과 상호작용을 하면서 무대와 객석을 왕래하는 것이다.

이처럼 연극치료는 관객에게 연기하는 동참자이기를 권유하면서 치료에 이르도록 한다. 참여자는 무대의 역할과 객석의 현실을 오가는 역동적 상호성을 통해 자기와 직면하고 해결되지 않은 문제를 알아차릴 힘을 얻는다. 누군가 자기를 바라봐 주고, 누군가를 바라보는 무대와 객석이라는 극적 환경에서 변화의 힘을 얻는다.

관찰자는 배우의 행동에 사회적 중요성과 추정된 의미를 부여한다. 그리고 그것은 다시 그의 행동에 영향을 미친다. 그리고 그것

> 이 배우에게 전해져 배우는 자아-관찰자로서 관찰자와 상호작용하는 자기를 볼 수 있다. 우리는 다른 사람들이 우리를 본다고 생각하는 것처럼 우리 자신을 바라본다(Jennings et al., 2010).

연극치료에서 참여자가 배우와 관객 사이를 역동적으로 왕래하는 것은 치료의 중요한 기제로 작동한다.

연극치료 참여자는 집단적이다. 그런데 연극치료에서 집단성은 다수 인원의 참여만을 의미하지는 않는다. 치료사와 참여자의 일대일 작업이더라도 두 사람이 다양한 역할을 소화한다면 그 역시 집단적이라고 할 수 있다.

연극치료에서 치료사는 치료하는 사람이기 이전에 참여자와 함께 무대를 만드는 동등한 관계로 시작한다는 점에서 상담심리에서 말하는 개인상담과는 의미가 다르다. 치료사와 참여자는 수평적 관계에서 치료 작업을 진행하므로 두 사람이 참여하는 집단 작업이 된다. 치료사와 참여자는 이분적 경계로 구획되는 대신에 다양한 극적 역할로 다중의 인격체가 된다.

> 역할모델에 따르면 연극치료사 역시 여러 가지 역할을 연기하는 사람이며, 치료사는 그 역할 가운데 하나일 뿐이다. 참여자는 제한된 몇 가지 혹은 한 가지 역할에 고착되어 있을 수 있으며, 연극치료사의 과제는 참여자가 자기 역할에 좀 더 적합한 행동을 찾아내고, 사용 가능한 역할의 범위를 확장할 수 있도록 돕는 데 있다(Jennings et al., 2010).

이렇듯 한 사람의 참여자일지라도 연극치료는 집단 작업의 성격이 뚜렷하다는 점에서 치료에 영향을 끼치는 집단의 의미는 중요하다. 사람은 결코 혼자서는 살 수 없다. 공기, 햇볕, 음식 같은 생명을 위한 기본 물질을 외부에서 제공받으며 더불어 살아야 하는 삶의 속성상 인간을 포함한 다른 것들과의 관계는 삶의 영위에 필수적이다. 개인과 개인은 서로 간에 영향을 끼친다. 개인이 안고 있는 마음의 문제는 혼자만의 문제가 아닌 타인과의 관계에서 생겨난 것이다.

연극치료의 관객은 연극의 관객과 배우 개념을 한꺼번에 아우른다. 연극치료에서 관객의 개념은 그 폭이 넓으며, 배우와 관객의 위치가 고정되어 있지 않다. 배우와 관객의 유동적 관계 덕택에 조건과 분위기에 따라 치료사와 참여자들은 배우가 되기도 하고 관객이 되기도 한다. 치료사는 사이코드라마의 디렉터와는 달리 권위를 내려놓은 적극적인 참여자 역할을 한다. 치료사와 참여자들이 언제든지 배우가 되고 관객이 된다는 것은 연극치료의 커다란 특징이다. 처음에 연극치료사와 참여자는 각각 주체성을 지닌 인격체로 만난다. 하지만 웜업을 통해 신체와 마음의 긴장이 완화되고, 집단의 응집력이 생겨나고, 치료사와 참여자들 사이에 그리고 참여자들 사이에 관계가 형성되면 연극치료를 위한 준비를 마친 것이 된다.

극적 분위기가 조성되고 연극치료가 본격화되면 모두는 예외 없이 배우와 관객을 오간다. 배우로서 치료사는 참여자들과 함께 연극을 만들고 그들의 정서를 읽고 공감한다. 치료사라는 역할을 놓치지 않으면서 애초에 계획된 방향과 목적대로 진행되고 있는지 주의를 기울인다. 관객으로서 치료사는 회기 전체를 조망하고 참여자의 비언어적 메시지 또는 극중 역할을 탐색한다. 참여자는 또한 배우와 관객 사이를 오가며 극적인 무대를 만들어 간다. 만일 3~4명의 집단이라면 이들 전체가 역할을 맡아 하나의 극을 창작할 수 있다. 그렇더라도 역할을 행하지 않는 참여자 또는 치료사는 잠시 관객이 되었다가 자기 차례가 되면 역할을 입고 극에 동참한다. 더 큰 집단이라면 한 집단이 연극을 할 때 다른 집단은 관객이 된다. 이렇듯 치료사와 참여자가 배우와 관객 사이를 오가는 역할의 유연성을 넘어 극적 몰입이 극대화에 이르게 되면 치료사와 참여자 사이에 구분이 없어지기도 한다. [그림 2-1]을 보면 처음의 만남에서 치료사(A)와 참여자들(B, C, D, E)은 공간과 모양이 구분되어 있으나 연극치료가 진행되면서 점차 구분이 사라지고 동등한 참여자로서 극적 역할로 존재하게 된다. 참여자들도 개성적 기류가 점차 약화되어 궁극적으로 동질적인 형태를 띤다.

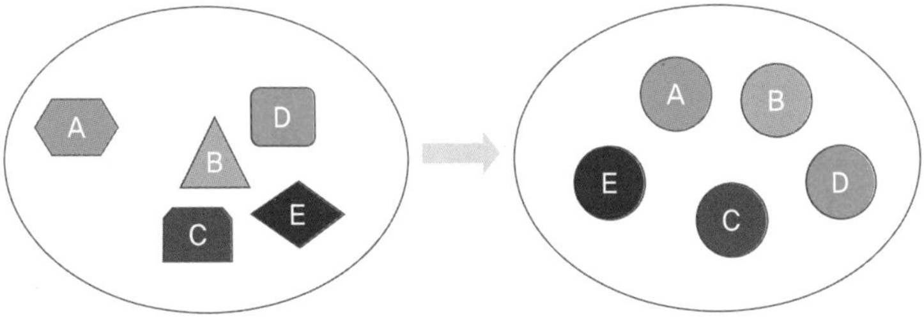

[그림 2-1] 치료사와 참여자의 관계 양상 변화

치료사와 참여자, 나아가 다양한 소품과 공간은 전적인 동참자로서 함께 무대를 만드는 존재들이다. 배우와 관객의 전적인 동등성이라는 점에서 연극치료의 집단은 연극 관객의 집단과는 결이 다르다. 연극치료의 집단적 동참은 신체뿐 아니라 느낌, 정서, 행동, 의지, 인식을 포함하는 것으로, 이러한 집단의 분위기가 형성될 때 비로소 연극치료는 그 기능을 충분히 발휘할 수 있다.

4) 무대와 연극치료 공간

철학이나 과학에서 시간 연구에 비해 공간 연구는 상대적으로 늦게 시작되었다. 앙리 베르그송(Henri Bergson), 마르틴 하이데거(Martin Heidegger), 사르트르 등은 공간이 아닌 시간에 관심을 둔 철학자들이었다. 시간은 죽음과 관련이 있으니 철학자에게는 매력적인 주제일 것이다. 그러나 일상생활과 삶에서의 공간은 피할 수 없는 중요한 요소이며, 더구나 급격하게 도시화하여 가는 현대에 이르러 공간 연구는 관심의 대상이 되었다. 공간 연구의 큰 틀 중 하나는 소외된 자들을 위한 공간이다. 즉, 관료화, 도시화, 자본화되는 추세에서 밀려난 소외된 자들은 공간에서도 소외되어 있다는 것이다. 따라서 공동체를 구성하고 억압받지 않는 열린 공간을 지향하는 방법으로서 예술을 통한 창조성, 자발성, 상상력 등이 어우러진 공간 창출은 자연스럽게 관심의 대상이 되었다. 특히 체험 공간을 설정하고 실제 일상생활을 구현하는 연극 공간은 소외된 자, 억압된 자, 상처받은 자를 치유할 수 있는 신성한 공간이라는 점에서 연구의 대상이다. 대체로 기존 서양의 전통적인 연극 공간은 현대의 도시 공간처럼 계급을 양분하고 폐쇄된 공간을 양산하였다. 따라서 새로운 지각을 요구하며, 이로부터 인식체계를 뒤흔들고 상처를 치료할 수 있는 연극 공간은 무엇보다도 기존에 대한 탈피에서부터 시작되어야 한다. 그렇다면 이러한 연극 공간을 통해 치료 공간으로 거듭나는 연극치료 공간은 어떤 공간이어야 하는가.

무대 공간이 없다면 연극은 성립하지 않는다. 공연을 위한 무대 개념은 매우 폭이 넓다. 무대란 연극을 위해 만들어진 특별한 공간, 즉 공연장만을 의미하지는 않는다. 공연이 대부분 연극을 위해 특수한 장비가 설치된 공연장에서 이루어지는 것이 사실이

고대 그리스 극장 가운데 원형이 무대를 둘러싼 객석의 형태는 배우가 잘 보이도록 하는 것뿐 아니라 대사가 명확하게 들리도록 하기 위한 장치다.

지만, 연극은 거실이나 교실 혹은 야외에서도 얼마든지 가능하다. 멍석만 깔면 어디에서든 연극을 할 수 있다. 예컨대, '장소 특정적 연극'은 상황에 따라 공사장이라든가 사람들이 오가는 도시의 거리, 자연, 역사적 건물에서 이루어진다. 말하자면 공연이 진행되는 그곳이 바로 무대가 된다. 이렇게 극적 공간의 의미를 넓혀 가자면 세상 어디든 무대가 될 수 있다는 결론이 나온다. 세상이 무대라는 말은 연극에서 무대가 꼭 필요한 것인가 반문하도록 한다. 그러나 그곳이 연극 공연을 위해 꾸며진 공간이든, 일상의 공간이든 연극에서 어디라고 하는 장소는 꼭 필요한 것이기 때문에 장소가 없다면 연극은 성립하지 않는다.

고대 연극의 무대는 빈터나 언덕 같은 곳이었다. 연극 무대가 존재하고 그곳에서 공연이 펼쳐지기보다는 연극이 펼쳐지는 장소가 무대가 되었다. 자연광에 의존해야 했던 고대 그리스 극장은

콜로세움 로마의 대표적인 극장인 콜로세움으로, 파란 하늘이 인상적이다.

야외극장이었으며, 객석과 무대는 적절한 자연 지형을 이용하여 구축되었다. 분지 주위에 방사형의 객석을 마련하고, 그 아래에 둥근 무대를 설정하여 배우의 소리가 잘 들릴 수 있도록 하였다.

로마 시대에 들어와 건축술이 발달하면서 평지에 건물을 세워 극장을 만들었지만, 여전히 천정이 열려 있는 노천극장이었다.

중세 시대에는 종교적인 이유로 연극이 배척되었기 때문에 패전트(pageant)라는 이동용 무대에서 공연이 이루어졌다. 셰익스피어를 배출하는 등 연극이 활짝 꽃을 피웠던 영국 엘리자베스 시대의 극장은 최대 삼천 명 정도의 수용 인원을 자랑하였지만, 지붕은 여전히 하늘을 향해 열려 있었다. 본격적으로 지붕이 덮인 실내 극장이 생긴 것은 조명 시설이 가능한 르네상스 시대부터였다. 한국의 경우에는 서양 연극이 전해진 조선 말의 원각사를 최초의 실내 극장으로 규정한다.

20세기에 들어와 공간에 관심을 두고 기존의 극적 공간에 메스를 가한 대표적인 연출가로 통합 공간을 제창한 아르토와 분할 공간을 주장한 브레히트, 그리고 그로토프스키와 보알 등이 있다. 또한 조명을 적극적으로 활용하여 무대의 시각이미지를 강조한 아돌프 아피아(Adolphe Appia), 초인형을 통해 배우와 무대장치 사이의 부조화를 창출한 에드워드 고든 크레이그(Edward Gordon Craig), 배우의 신체 활용에 초점을 둔 무대를 만들고자 했던 프세블로트 메이예르홀트(Vsevolod E. Meyerhold) 등은 다양한 방식의 실험적인 극적 공간을 선보인 연극인이다. 이러한 실험적 공간 개념은 연극치료에서 관심의 대상이다.

셰익스피어 시대의 공연장 셰익스피어 시대의 공연장을 스케치한 것이다. 건물들 사이의 공터에 무대가 개설되었고, 관객은 무대 주위를 둘러서거나 계단 또는 건물 안에서 관극을 하였다. 의자가 없어 서 있는 관객의 모습이 이채롭다. 무대 주위의 객석은 가격이 저렴하여 주로 하층민이거나 대중의 차지였다. 하지만 가장 생생하게 무대와 교감할 수 있는 자리였다. 현대 공연장에서는 제일 비싼 자리다.

예컨대, 아르토(Artaud, 2021)는 잔혹연극 선언에서 연극 무대는 성소나 헛간과 같은 특별한 공간이어야 하며, 이곳에서 배우와 관객이 혼연일체가 될 수 있다고 언급했다. 제의성을 강조하고, 객석과 무대로 양분된 기존의 공간을 부정한 아르토는 티베트의 사원이나 성당 같은 종교적이고 신성한 장소를 공연장으로 삼고자 하였다. 잔혹연극은 굿이 펼쳐지는 공간처럼 신과 인간이 공존하는 신성한 공간을 추구하였으며, 이 공간에서 고열에 들뜬 환자는 접신을 하게 되고 정신적 병을 치료할 수 있다고 보았다. 그는 무대와 객석 사이는 어떤 종류의 장벽이나 칸막이가 있어서는 안 되며 단 하나의 장소가 되어야 한다고 말했다. 그곳에서 벌어지는 연극은 자체로 하나의 행동이 되고, 객석을 둘러싼 무대에서 이루어진 배우의 행동은 관객에게 커다란 충격을 가하게 될 것이다. 이를 위한 공간의 내부는 깊이와 높이가 일반에서 벗어난 특별한 비율로 이루어져야 하고, 아무런 장식이 없는 객석은 네 개의 벽으로 닫혀 있어야 한다. 그 가운데 존재하는 관객은 움직이는 의자에 앉아 주변에서 일어나는 스펙터클을 따라가게 될 것이다. 배우의 행동은 객석의 네 모퉁이에 준비된 무대에서 펼쳐질 것이다. 객석 주위는 높은 회랑으로 둘러칠 것이며, 배우들은 행동이 필요할 때 이 회랑을 통해 이동할 것이다.

이러한 공간 구조는 한쪽에서 고함을 지르면 소리가 입에서 입으로 전해지고, 연속적인 증폭과 변조를 거쳐서 다른 쪽 끝에 이르도록 할 것이다. 행동 또한 사방으로 펼쳐질 것이며, 층계에서 층계로 한 지점에서 다른 지점으로 궤도를 확장하다가 갑자기 절정으로 치닫게 되어 마치 불이 난 것처럼 증폭될 것이다.

이곳은 무대라기보다는 필요할 때마다 중요한 행동이 모이고 얽히는 장소라고 할 수 있다. 아르토가 이러한 통합적 구조의 무대 공간을 주장하는 것은 무엇보다도 전체 무대 언어를 관객이 몸의 감각으로 통감각적인 수용이 가능하도록 하기 위한 것이다. 일종의 대형 화재나 엄청난 태풍에 휩싸인 관객은 이성에 눌려 있던 무의식의 폭발적인 솟구침을 경험할 것이다. 나아가 이 공간은 탈춤의 공간처럼, 고정된 틀이 없이 관객이 둘러싼 유동적 공간에서 배우와 관객이 자연스럽게 하나로 통합되도록 할 것이다. 잔혹연극의 공간에서 울려 퍼지는 공명에 휩싸인 관객은 일상의 자신을 완전하게 해체하고 의식을 없앰으로써 연극과 하나가 된 전적인 정화의 상태 또는 완치된 상태가 될 것이다. 연극치료에서 이러한 잔혹연극의 공간은 참여자의 몰입과 통합에 응용할 수 있다.

이와는 달리 브레히트의 서사극의 공간은 철저하게 거리 두기를 위한 장치들로 이루어졌다. 관객은 연극 속에 몰입되어서는 안 되며, 전적인 분리가 이루어져야 한다. 브레히트 본인이 구분한 극적 연극과 서사극의 차이점은 다음과 같다(Brecht, 1989).

1. 극적 연극에서는 일정한 플롯, 다시 말해 줄거리에 중점을 두는 반면에 서사극에서는 서술적 이야기로 진행된다.
2. 극적 연극은 관객을 무대 상황으로 유도하며, 사건의 일정한 연결에서 수동적으로 감명을 느끼게 한다. 서사극은 관

객을 관찰자의 입장에 머물게 하며, 유동적인 사건의 전개에서 능동적으로 인상을 받게 한다.

3. 극적 연극은 관객에게 수동적 경험 속에서 감정을 유발시킨다. 서사극은 능동적 인상 속에서 관객에게 세계의 모습에 대해 결론을 내리게 한다.
4. 극적 연극은 무대에서 관객에게 체험을 전달한다. 서사극은 관객에게 장면을 연구하게 하여 지식을 전달한다.
5. 극적 연극은 동정이나 증오나 의구심을 느끼면서 정신적으로 정화한다. 서사극은 관객에게 판단을 촉구한다.
6. 극적 연극은 관객에게 암시를 준다. 서사극은 관객에게 토론을 위한 논쟁점을 제공한다.
7. 극적 연극은 고정불변의 인간상을 보여 준다. 서사극은 가변적이며 변화하는 인간을 보여 준다.
8. 극적 연극은 결말에 대한 긴장감을 주지만, 서사극은 사건 진행 그 자체에 대한 긴장감을 준다.
9. 극적 연극은 한 사건이 중심이 되어 한 장면이 다른 장면으로 연쇄적인 상호 관계에서 이어져 나간다. 서사극은 장면과 장면이 명확한 줄거리를 가지고 독립적인 위치에 있다.
10. 극적 연극은 사고가 존재를 결정한다. 서사극은 사회적 존재가 사고를 결정한다.
11. 극적 연극은 사건 전개가 직선적이고 진화적인 결정론이다. 서사극은 사건 전개가 곡선적이고 중간 발언을 통해 사건의 진행 중에 극의 도약을 초래한다. 즉, 사건의 돌발적

변화의 계기를 극에 삽입시켜서 극의 환영(illusion)을 방해한다.

12. 극적 연극은 무대에서의 모든 사건, 그리고 인물이 현실 그대로임을 강조한다. 서사극은 이런 무대 약속(stage convention)을 거부한다.
13. 극적 연극은 객석의 조명을 끄고 무대 위로 조명을 보낸 후에 극이 시작된다. 이런 가운데 관객은 긴장된 상태에서 무아의 경지에 빠져들게 된다. 서사극은 공연장의 조명은 끄지 않는다. 극이 진행되는 동안에도 조명은 그대로 있다. 관객이 극장에 들어오면 막은 이미 열려 있다. 조명기구 및 장치도 그대로 볼 수 있다. 무대를 넘어 배우가 관객을 향해 직접 질문이나 독백을 한다든가, 막이 오른 후나 장면마다 표어, 명구, 격언을 내걸어 붙인다거나 혹은 막을 내리지 않고 무대를 바꾸기도 한다. 그리고 감정이 격화될 만한 곳에는 의식적으로 춤과 노래를 삽입한다. 이 모든 것이 극적 연극, 즉 긴장 요소로 충만한 환영극(illusion theatre)을 파괴하기 위한 것이다.
14. 극적 연극은 장치가 사실적이지만, 서사극은 상징적이다.
15. 극적 연극은 감정이 위주가 된다. 서사극은 이성이 위주가 된다.
16. 극적 연극은 폐쇄된 희곡 형식으로, 극중 현실이 침해되지 않는다. 서사극은 개방된 희곡 형식으로, 단순한 연극으로 노출시키며 환영의 파괴를 위해 의식적으로 노력한다.

서사극 무대에서 벌어지는 것들은 현실을 사실적으로 재현하려는 것이 아니라 그저 하나의 연극일 뿐이라는 것을 강조한다. 그런데 관객은 무대에 동화되려는 습성이 있다. 따라서 서사극의 모든 장치와 기법은 브레히트가 정리한 것처럼, 관객의 동화를 억제하고 습관에 매몰되어 있는 의식을 일깨워서 이성적 태도로 무대를 관찰하도록 하는 데 있다. 서사극은 관객을 냉정한 관찰자로 변모시키고, 소외된 자들을 자각시키고, 그들이 주체를 확립할 기회를 마련하여 사회 현실에 적극적인 참여자가 되도록 하는 데 목적이 있다. 이러한 서사극의 거리 두기는 연극치료에서 안전함과 직결된다.

한편, 그로토프스키의 가난한 연극의 공간적 특징은 무엇보다도 비어 있음이다. 가난한 연극은 순수하게 관객과 배우의 관계에 주목하고, 공간은 비워진 상태가 된다. 사실 빈 공간은 연극뿐 아니라 일상의 삶에서도 의미가 크다. 우리의 삶은 예외 없이 빈 공간에서 이루어지기 때문이다. 노자는 『도덕경(道德經)』에서 일상에서 중요한 바퀴통, 질그릇, 방을 예로 들어 빈 공간의 유용성을 설명했다. 빈 악기의 공명의 원리, 빈 벽의 방음 효과 원리도 빈 공간의 힘 덕택이다. 브룩(Brook, 2019)은 연극의 공간에 대해 『빈 공간(The Empty Space)』에서 이렇게 말했다.

> "어떤 공간이든 비어만 있다면 이를 빈 무대라고 할 수 있다. 한 사람이 이 빈 공간을 가로질러 걸어가고, 다른 사람이 그를 지켜보고 있다면 연극 행위가 이루어진 것이며, 그 이상 더 필요한 것은 없다."

비어 있는 공간과 그곳에 존재하는 사람과 그를 지켜보는 사람이 있다면 연극이 성립한다는 것이다. 무대의 비어 있음은 그곳이 다양한 메시지가 축적된 장소, 무궁무진한 축적이 가능한 장소라는 의미다. 공간의 비어 있음은 삶의 공간이나 연극 공간처럼 치료를 위한 공간도 가능하다. 연극치료 공간은 비어 있음으로 치료 용도의 다양성이 확대된다. 연극치료에서 빈 공간의 연극적 운용 방식은 치료와 직결된다. 그곳에서 무한한 창조적 가능성을 지닌 치료사와 참여자는 뜨거운 열기와 에너지로 비어 있는 공간을 가득 채워 나갈 것이다. 그로토프스키의 빈 공간 개념은 다음에서 자세히 설명할 존슨의 DvT의 공간 구조에 커다란 영향을 미쳤다.

그로토프스키의 또 다른 공간 개념은 새로운 접촉과 만남을 위한 공간이다. 즉, 배우와 관객 사이의 만남과 관계를 새롭게 정립하기 위해 그는 극적 공간의 배치를 새롭게 했다. 그는 실제 공연에서 배우와 관객의 만남 설정을 위한 다각적인 공간 형태를 제시했다. 세심하게 계획된 공간 구조에 따른 물리적 배치로 배우와 관객은 새로운 차원의 만남을 경험할 것이다. 이를 위해 가난한 연극에서는 조명 효과를 포기한다. 그는 조명 효과를 포기했을 때 배우와 관객의 만남이 달라진다는 것을 알았다. 객석을 어둡게 하고 무대를 조명으로 밝히고 다양한 효과를 주는 일반 연극과는 달리, 조명을 제거하면 배우의 시점에서 조명에 의해 사라졌던 관객이 뚜렷이 드러난다. 그렇게 되면 이들의 관계가 지각적이고 직접적이 되어 더욱 생생함을 증가시킨다는 것이

〈불굴의 왕자〉의 무대 전경이다. 관객-엿보는 자가 금지된 행위를 바라본다. 무대 중앙에 첫 번째 죄수가 있다.

〈조상 제사의 전야〉 공연에서 어린 소녀 유령이 살아 있는 사람들(관객)과 접촉한다.

〈코르디안〉 공연에서 관객에 둘러싸인 채 의사가 환자를 치료하고 있다.

출처: Grotowski (2002).

다. 나아가 그는 무대와 객석의 공간 구조도 재배치했다. 무대와 객석이 혼합된 공간에 자리한 배우는 관객들 사이에서 연기하게 되고 직접 접촉함으로써 만남의 변화를 꾀한다. 다음의 사진은 배우와 관객이 하나의 공간에서 함께하는 무대다.

그로토프스키가 연출한 〈불굴의 왕자〉에서 위에서 무대를 바라보도록 배치된 관객은 조감도를 보듯이 비일상적인 관점에서 무대를 주시한다. 관객은 죄수를 고문하는 금지된 행위를 바라보는 자의 역할을 한다. 〈조상 제사의 전야〉와 〈코르디안〉은 아예 배우와 관객이 뒤섞여 있다. 배우와 거리가 없어진 관객은 강한 오감이 작동하며, 자세와 위치에 따라서 연극 전반을 다르게 지각한다. 배우와 관객은 얼굴을 맞대고 신체 접촉도 일어나고 호흡 소리뿐 아니라 땀 냄새도 느낀다. 특히 〈코르디안〉의 공연 사진은 이층으로 된 침대에 배우와 관객이 뒤섞여 있다. 이러한 공간 배치 덕택에 공연의 참여자로서 관객은 또 다른 배우가 된다. 관객 틈에서 연기하는 배우도 새로운 방식의 접촉과 만남을 경험한다. 이러한 무대와 객석의 배치는 배우와 관객 사이의 거리를 없앤 전혀 다른 개념의 연극이 된다. 공간의 배치에 따른 뜻밖의 접촉이나 만남으로 배우와 관객은 상호 깊숙한 침투 현상을 경험한다. 새로운 공간에 배치된 배우와 관객이 상호 자극을 주고받기 위해서는 공통점이 있어야 한다는 의미에서 그로토프스키는 이러한 연극을 '공동 예배(jointly worship)'로 표현했다. 종교적으로 승화한 이 공간에 참여한 모든 사람은 변화와 치료를 경험할 것이다. 이것이 연극치료에서 가난한 연극의 공간 개념을 주시해야 하는 이유다.

한편, 보알의 토론연극 또한 관객과 폭넓은 교감에 중점을 둔다. 토론연극은 배우가 관객과 토론하거나 역할 바꾸기를 통해 사회적 문제를 제기하고 갈등을 해소하려는 연극적 토론 방식이다. 억압받는 자들을 위한 토론연극은 경계를 없애고 열린 공간을 창출한다. 억압을 숨기거나 왜곡하지 않고 그대로 드러내는 장소가 됨으로써 연극은 현실에 정면으로 대처하는 역동적인 수단이 된다. 억압에서 해방된 치료의 공간을 만들고자 한다. 토론연극의 주제로는 모두가 관심을 가질 만한 것을 선정한다. 주제로 제시된 억압의 상황은 해결 가능한 것이어야 하며, 아우슈비츠 강제 수용소의 가스실이나 총살형 같은 불가항력의 사건은 돌이킬 수 없으므로 배제된다. 무대로 초대된 주인공의 문제는 나름의 노력에도 불구하고 결국 실패하는 것으로 마무리된다. 그래야 대안을 제시할 수 있기 때문이다. 이처럼 논쟁거리를 제공하는 토론연극은 반(半)-모델로 지칭된다. 실패한 장면이 끝나면 연출자는 다른 관객을 무대로 초청하여 실패한 주인공을 대신해서 문제를 해결할 수 있는 대안이 있는지, 있다면 무엇인지 이를 직접 실연하도록 한다.

장면은 관객이 개입되는 횟수만큼 얼마든지 반복된다. 따라서 토론연극에서는 해결 자체보다도 많은 참여와 적극적 토론을 유발하는 논쟁거리가 중요하다. 이러한 토론연극 방식에서 무대와 객석은 수시로 뒤바뀌는 현상이 일어난다. 관객은 누구든 배우가 되어 문제의 해결책을 제시할 수 있다. 토론연극의 한 종류인 〈보이지 않는 연극(invisible theatre)〉은 특별한 무대가 없고, 대신 슈퍼마켓이나 지하철 등에서 우연히 그곳에 있는 손님이나 행인과 즉석에서 토론을 벌이는 방식으로 이루어진다. 보이지 않는 연극은 말 그대로 관객이 연극이라는 사실을 모르고 공연에 참여하는 것을 말한다.

이 연극에서 배우와 관객의 유일한 차이는 배우는 공연 중인 것을 안다는 것이고, 관객은 모른다는 것이다. 행인-관객은 지금 벌어지고 있는 일들을 일상의 일로 오해한다. 따라서 굳이 공연장이 필요하지 않으며, 사람이 있는 곳이면 어디든 연극 장소가 될 수 있다. 그렇지만 보이지 않는 연극은 즉흥극이 아니다. 연극에 참여하는 행인-관객의 반응은 저마다 다를 것이므로 배우는 어느 정도 예상을 한 상태로 연습에 임한다. 이렇듯 보이지 않는 연극은 우연히 만나게 된 관객이 현실의 문제를 어떻게 인식하고 있는지 그것에 대한 문제를 제기하고 토론하는 것을 목적으로 삼는다.

가령, 보알은 1978년 파리의 한 대형마트에서 보이지 않는 연극을 실시하였다. 배우는 계산대 앞에서 음식물을 내려놓으며 배가 고파서 당장 필요한 물품들이지만 돈이 없다고 당당하게 말한다. 현재 자신은 해고당한 실업자이지만 취업을 해서 돈을 벌면 그때 갚겠다는 것이다. 당황한 계산대 직원은 매니저를 부르고, 매니저는 계산하지 않고 음식물을 가져가면 경찰을 부르겠다고 위협한다. 배우는 이에 굴하지 않고 먹지 않으면 굶어 죽을 것이며, 분명히 갚으면 되는 것 아니냐고 따진다. 계산대 주위에 있던 손님들도 합세하여 각자 얼마씩 돈을 내자는 등 여러 의견을 제시한다. 결국 경찰이 들이닥치고 상황은 종료된다.

보이지 않는 연극은 만일 실제로 우리 앞에서 이런 일이 벌어진다면 우리 각자는 어떻게 행동을 할까라는 질문을 던진다. 얼마 전 우리 사회에서도 배고픈 아이를 위해 분유를 훔친 엄마가 불구속 입건된 사건이 있었다. 이렇듯 보알은 보이지 않는 연극을 통해 현실에 깊숙이 침투하여 당면한 사회문제를 깊이 있게 생각하도록 한다. 또 다른 보이지 않는 연극에서는 배우가 지하철 안에서 노숙인이 되어 승객에게 구걸하고, 승객들은 그의 구걸 행위에 대해 토론한다. 승객 중에는 배우가 있다. 이처럼 보이지 않는 연극은 우연히 연극에 참가하게 된 일상의 사람들을 토론의 장으로 이끌어서 자신이 소속된 사회의 현상을 비판적 시각으로 바라보게끔 함으로써 자신의 정체성 확립에 기여하고 변화를 이끌어 낸다.

(1) 연극치료의 공간

연극은 영화에 비해 공간 연출이 제한되어 있다는 생각을 하기 쉽다. 물론 무대에 현실을 옮겨 놓은 사실주의 연극에서 공간의 활용은 극히 제한적이다. 현실을 모방한 사실적 무대는 그것만을 표현할 수 있기 때문에 한 장소에 닫혀 있다. 그러나 전위적 공간, 가난한 공간, 극장주의 공간, 추상적 공간, 이미지 공간은 그렇지 않다. 인물의 한마디, 행동 하나에 따라 공간은 무한히 확장된다. 어떤 장소든 가능한 것이 연극의 공간이다. 이는 오늘날 실험연극이나 포스트드라마연극에 추구하는 공간이기도 하다. 더욱이 물리적 공간은 첨단 기계와 영상의 도움으로 사이버 공간으로 확장되고, 그 의미의 폭도 넓어졌다.

무한 확장의 무대 공간은 우리의 전통 연희에서도 발견된다. 전통 연희는 실외에서 무대와 객석의 구분이 없는 즉흥성과 공간의 자유로운 수축과 확장을 일궈 내므로 실내 극장은 큰 의미가 없다. 탈놀이가 벌어지는 마당 또는 판을 둘러싼 참여자는 일상과 동떨어진 허구나 환상의 세계와 손쉽게 만난다. 마당이나 판은 구획되고 고정된 무대가 아니므로 관객은 적극적인 참여자가 되거나 또 다른 배우도 된다. 이러한 유동적 극적 공간에 생겨난 기운의 흐름 덕택에 관객은 평소 엄두도 내지 못했던 무의식이나 그림자를 마음껏 분출할 수 있게 된다. 우리의 전통 연희에서 발견할 수 있는 공간의 자유로움과 탄력성은 서양 연출가들이 주목하는 부분이다. 가령, 전통 가옥에서는 아파트처럼 공간이 구획된 것이 아니라 밥상이 들어오면 식당이 되고, 이불을 깔면 침실이 되며, 차를 마시면 거실이 된다.

연극치료 또한 다용도의 탄력적이고 은유가 풍부한 극적 공간이 요구되므로 우리의 전통 연희의 공간에 당연히 관심을 가져야 한다. 좋은 연극이란 공간을 훌륭하게 운용하는 연극이다. 연출가를 공간 디자이너라고 한다면, 배우는 연출가가 디자인한 공간에서 오차 없이 움직이는 유기체일 것이다. 연출가가 공간의 의미를 꿰뚫고 배우가 움직임을 통해 메시지를 창출하도록 공간을 디자인하듯, 연극치료에서 연출가의 몫을 담당하는 연극치료사 역시 치료의 의미로 확대되는 치료 공간의 디자이너가 되어야 한다. 연극치료에서 추구하는 공간은 전반적인 연극 공간의 개념을 활용하는 편이다.

연극치료의 공간을 정리하면, 첫째, 자유롭고 탄력적인 공간을 지향한다. 이는 공간이 지나치게 구획되어서는 안 된다는 뜻도 있지만, 연극치료가 진행되면서 치료사나 참여자가 갑갑함에서 벗어나 트인 느낌을 받아야 한다는 뜻이다. 소극장의 작은 무대가 처음에는 답답하게 느껴지지만, 극이 진행되면서 무한히 팽창하는 것처럼 연극치료의 공간도 시간에 따라 자연스럽게 확장되어야 한다. 공간의 확장은 치료사와 참여자의 자발성과 공감과 내적 진실성을 통한 몰입이 일어날 때 가능하다.

둘째, 연극치료의 공간은 수용의 측면에서 고려되어야 한다. 수직적 권력과 서열이 중시되던 시대에 연극 무대는 위압적이었다. 객석보다 높은 무대에서 배우는 관객을 내려다보며 위압적인 태도로 연기를 하였다. 그러나 진리, 현존, 절대 담론이 해체되고, 순간성, 단편성, 과정 등이 활성화되고, 수직적 관계보다는 수평적 관계에서 의미를 찾으려는 이념이 형성되면서 공간 배치에 변화가 일었다. 무대는 객석과 동일한 수준이거나 더 아래에 놓이게 되었고, 무대와 객석의 분명한 금 긋기도 희미해졌다. 무대와 객석의 관계 변화는 급기야 배우를 일상의 공간으로 끌어내렸다. 지하철에서, 거리에서, 슈퍼마켓에서, 역사적 유물에서 연극이 행해지게 된 것이다. 이런 모습이 새로운 것은 아니다. 이는 앞서 보았던 토론연극에서 이미 실천되었던 형태이자 원시

연극이나 서민의 연극 또한 사람이 많이 모이는 일상의 공간에서 펼쳐졌다. 연극치료의 공간은 이러한 극적 공간에 주목해야 한다. 연극치료의 공간은 반듯한 건물에 최첨단 시설을 갖춘 현대의 연극 공간보다는 원시 연극, 저잣거리의 연극, 대중 연극의 공간이 더 적합할 수 있다. 치료사와 참여자가 한데 어울려 놀이를 하듯, 연극치료의 공간은 자유롭고 평등해야 한다.

연극치료의 공간이 특별히 연극치료를 위해 제작된 공간일 필요는 없다. 가난한 연극처럼 비어 있는 공간도 문제될 것이 없다. 외부의 자연 공간, 교실, 시설에서도 얼마든지 가능하다. 그렇지만 치료의 분위기를 돋울 수 있는 공간이라면 더욱 좋다. 가령, 집중력이 발휘될 수 있도록 외부와 차단된 조용한 공간은 치료에 도움이 된다. 원시 공간을 추구한다고 해서 조명과 음향 시설을 피할 이유는 없다. 연극치료에서 조명과 음향은 상당히 효과적이다. 중요한 것은 참여자가 안정적인 상태에서 정서를 마음껏 표현할 수 있어야 한다는 것이다. 정서적으로 안정감을 주는 공간에서 이루어진 연극치료는 목표를 향해 순조롭게 진행될 것이다. 연극치료 공간의 한 예로 DvT를 살펴보자.

연극을 놀이의 개념으로 승화시킨 DvT는 치료 공간을 연극놀이 공간(playspace)으로 부른다. DvT의 연극놀이가 이루어지는 공간에서 치료사와 참여자는 무슨 놀이든 가능하다는 상호 합의가 전제된다. 즉흥성이 강조되는 이곳에서 자발적인 상호작용으로 참여자는 치료사의 텍스트가 되고, 참여자의 행동은 치료의 기본적인 재료로 활용된다. 연극놀이가 행해지는 공간은 가난한 연극처럼 특별한 소품이나 세트가 필요하지는 않고 텅 빈 공간이면 된다. 다만 바닥에 '증인의 원(witnessing circle)'으로 불리는 원형의 카펫을 깔아 무대로 사용하기를 권한다. 원형 카펫 안에서 치료사와 참여자는 자유롭게 해프닝이나 드라마의 과정을 구성한다. 원 밖은 현실의 세계이고, 원 안은 드라마의 세계이므로 치료사는 이따금 증인의 원에서 벗어나서 참여자가 연기하는 것을 바라보기도 하고 다시 원 안으로 들어가서 참여하기도 한다. 원 안의 참여자는 명상이나 자유연상을 하듯, 의식의 흐름을 자유롭게 하면서 상호작용을 통해 자신을 구체적이고 연극적 방식으로 표현한다. DvT는 이러한 단계를 거쳐 참여자에게 변형, 체현, 만남을 경험하도록 한다. 참여자는 증인의 원에서 능동적 자세로 드라마의 세계 속에 몰입하면서 현실에서 경험한 불안정한 정서를 드러낼 것이다. 이처럼 현실과 상상의 극적 공간이 동시에 존재하는 DvT의 공간은 간단하지만, 참여자에게 평소와는 다른 안전한 느낌 속에서 자신을 되돌아보게 하는 힘이 있다. DvT처럼 연극치료 실제에서 치료사의 공간 운용은 치료 성과에 커다란 영향을 미친다. 치료사는 연극치료 공간을 깊이 이해하고, 이를 실제 작업에서 잘 활용할 책무가 있는 것이다.

5) 희곡과 연극치료

희곡의 중요성은 연극의 기원에서 밝힌 스토리텔링의 기원설과 밀접하다. 일반 예술은 예술가와 작품을 독자가 직접 접하지만 연극은 좀 복잡하다. 연극은 극작가의 작품을 연출가, 배우, 스태프들이 읽고, 그들 방식대로 해석하여 무대에 올릴 때 비로소 관객과 만나 완성된다. 희곡은 자체로서 문학의 한 장르이자 연극의 모태가 되는 이중 역할을 한다. 희곡이 무대화될 때 매 단계에서 해석의 가능성은 무한하다. 이러한 해석의 방대한 지평을 지닌 희곡을 가리켜서 연극기호학자인 안 위베르스펠트(Anne Ubersfeld)는 "구멍 뚫린 텍스트"라고 말했다. 희곡에 지문이 있다고는 하지만 배우들의 모든 동작을 지시할 수는 없다. 숭숭 뚫린 구멍을 메우는 것은 연출가와 배우의 창조적인 몫이다.

희곡은 이야기다. 무엇보다도 그 이야기가 재미있고 감동적일 때 관객의 열렬한 환영을 받는다. 관객이 이야기에 열광하는 이유는 무엇인가? 왜 인간은 끊임없이 이야기하는가? 이야기는 무엇인가? 이 질문은 연극의 기원에서 제시된 스토리텔링과도 직결된다. 아리스토텔레스는 『시학(Peri Poietikěs)』에서 재현을 통해 즐거움과 배움을 얻는 것이 인간의 타고난 본성이라고 말했다. 그는 그림을 통해 재현이 주는 쾌감을 설명했는데, 이야기 역시 재현이라는 관점에서 쾌감을 주는 요인이 된다. 잘 그린 그림을 보면 쾌감을 느끼듯이, 말솜씨가 좋은 사람의 이야기를 들으면 쾌감을 느낀다. 이렇듯 즐거움과 쾌감을 전하는 이야기는 연극에서 매우 중요한 요소다. 더구나 글로 남겨진 이야기는 역사에 남지만, 공연은 사라진다. 우리가 기억하는 것은 문학 텍스트다. 역사적으로 유명한 공연이나 배우보다 소포클레스, 셰익스피어, 몰리에르, 괴테, 입센, 체호프 같은 극작가가 유명한 것은 그들의 이야기가 기록으로 남아 있기 때문이다.

(1) 연극치료의 텍스트

연극을 통해 참여자의 변화와 성장, 또한 심리적 문제의 예방과 해결을 목적으로 하는 연극치료는 매 과정을 중시한다. 제닝스도 연극치료란 결과가 아니라 과정에 대한 것이라고 언급했다. 연극을 만들어 가는 과정에서 참여자가 자신에 대한 인식과 성찰에 이르러 궁극적으로 치료에 이르도록 하는 것이 연극치료의 기본 이념인 것이다. 과정에 초점을 맞춘 연극치료의 특징 중 하나는 텍스트의 다양성이다. 연극치료의 텍스트는 기존의 것이든 즉석에서 창작된 것이든, 개인적이든 집단의 원형적이든 상관없다. 참여자의 성향, 문제, 상황 등에 따라 텍스트는 그때그때 선택된다. 치료자와 참여자와의 만남, 치료 과정 자체에 의미를 부여하는 연극치료는 텍스트의 변형과 왜곡, 나아가 부재마저도 활용한다. 참여자의 문제의식을 반영하는 연극치료 텍스트는 다양한 무대 언어와 만남으로써 은유와 상징이 더욱 풍성해진다. 연극치료의 텍스트에서 주의해야 할 점은 이야기 속 역할을 무대에 옮길 때 거리 두기가 분명해야 한다는 것이다. 그래야 감정이나 행동 표현에 소극적인 참여자의 자발적 참여를 유도할 수 있다. 연극치료 텍스트는 다음의 특징이 있다.

첫째, 텍스트는 상황에 따라 참여자 개인의 이야기를 기반으로 한다. 참여자의 삶의 경험에서 우러나오는 이야기는 그의 문제적 심리를 투사하는 일종의 자서전이 된다. 연극치료에서 참여자의 이야기는 극적 체현을 위한 텍스트가 되어 무대에서 재배열된다. 무대에서 삶을 재배열하는 방식은 참여자가 자신의 이야기를 원하는 방향으로 재저작함으로써 치료에 이르도록 하는 이야기치료와 유사하다. 하지만 연극치료는 한 걸음 더 나아가 참여자가 집단의 지지와 격려를 받으면서 극적 행동으로 삶을 현실감 있게 재배열한다는 특징이 있다. 참여자는 자신의 이야기를 프리텍스트(pre-text)[1] 삼아 다양한 연극적 언어로 풍성해진 이야기 속 역할들과 만나 체감의 밀도를 강화한다. 나아가 다른 참여자들의 공감과 지지는 심리적 변화와 치료에 커다란 힘이 된다. 존슨 등(Johnson, Pendzik, & Snow, 2013)은 이를 연극치료 형식의 이야기극으로 명명하면서 이렇게 말했다. "종종 단순히 이야기로 언급되는 이야기치료는 대화 치료이지만, 이야기극은 드라마치료의 형식이다." 이야기극은 기존의 이야기치료에 예술, 시, 음악, 춤/동작, 전자미디어(사진, 비디오와 영화)와 같은 다양한 의사소통 수단을 추가한다. 기존의 이야기치료사는 참여자들과 대화하면서 대안적 이야기를 찾지만, 이야기극 치료사/촉진자는 참여자들이 다른 역할을 맡아 대안적 이야기를 연기하도록 격려한다. 라하드는 연극치료에서 우화기법(fairy story method)을 바탕으로 참여자의 텍스트 창작에 초점을 맞추었다. 참여자는 아무런 조건 없이 자유롭게 이야기를 서술하는 대신에

1) 텍스트 이전의 텍스트를 의미하는 프리텍스트는 본격적인 텍스트에 앞서, 자신의 이야기든 하고 싶은 이야기든 참여자들이 가볍게 제시한 이야기를 뜻한다. 치료 작업에서 참여자가 제시한 프리텍스트를 기반으로 점차 작업에서 다룰 텍스트로 구체화될 것이다.

민담의 서사 구조 속에서 이야기를 창작하도록 요구된다. 텍스트는 즉흥적으로 창작된 참여자 개인의 이야기이지만 우화의 플롯을 기반으로 하는 만큼 그 안에 원형성이 내재되어 있는 것으로 간주된다. 특히 연극치료 과정에서 참여자들이 자신의 언어가 아닌 치료사의 언어로 말하는 것을 알아차린 라하드는 참여자가 사용한 언어의 종류를 파악함으로써 언어적 반응에서 강조되는 대응의 메커니즘을 발견할 수 있다고 보았다(Jennings et al., 2010). 이에 참여자가 자신의 언어로 말하게끔 하는 방안으로 '여섯 조각 이야기 만들기'(6 Part Story Making: 6PSM) 모델을 개발하였다. 6PSM은 여섯 장면으로 구조화되는데, 참여자는 주인공, 과제와 사명, 조력자, 방해물, 클라이맥스, 결말의 여섯 장면을 그림으로 표현한다. 블라디미르 프로프(Vladimir Propp)의 『민담 형태론(Morphology of the Folk Tale)』(2013)을 응용한 민담의 구조분석을 기반으로 하는 개인의 이야기라는 점에서 6PSM은 개인적인 동시에 집단적 · 보편적 · 원형적인 성격을 지니고 있다. 주어진 여섯 장면의 틀 안에서 즉흥적으로 창작되는 6PSM은 참여자 개인의 이야기로 출발하나, 우화기법의 원형적 구조 속에서 제시됨으로써 참여자가 세계 속에서 자신이 맺고 있는 인간관계 및 소통 방식을 파악할 수 있는 극적 텍스트가 된다.

둘째, 6PSM에서 예상할 수 있는 것처럼, 연극치료 텍스트는 참여자 집단의 상황을 적절하게 대변해 줄 수 있는 원형적인 이야기로 구성된다. 텍스트는 신화, 전설, 설화, 민담, 우화, 전래동화를 직접 가져다 쓸 수도 있고, 이를 기반으로 재창작할 수도 있다(Andersen-Warren & Grainger, 2009). 원형적 이야기와의 만남에서 참여자는 인물을 분석하고 역할연기를 하면서 투사적 동일시를 경험함으로써 자신을 솔직하게 드러내고 참여자들 사이에서 동질성도 확립할 수 있다. 가까운 사람의 죽음으로 슬픔과 상실감에 빠진 참여자를 대상으로 연극치료를 실시한 알리다 게르시(Alida Gersie)는 원형적인 이야기를 바탕으로 연극치료 이야기모델을 개발했다. 게르시는 죽음이란 인간 모두에게 보편적인 현상이라는 점에 착안하여 신화, 전설, 설화, 민담에 주목하였다. 게르시는 신화와 전통 설화가 인종과 문화, 시대를 초월하여 인간의 본질적인 경험을 구현하는 것으로 간주하면서, 이러한 이야기들이 개인의 경험과 공명하게 하므로 이를 통해 인류의 경험과 접촉할 수 있다고 생각했다. 게르시는 죽음의 상실감으로 깊은 슬픔에 잠겨 있는 참여자에게 배경, 인물, 거주지, 장애물, 조력자, 결말이라는 여섯 단계의 이야기 구조 내에서 텍스트를 창작하게 함으로써 참여자의 내적 심리를 표현할 수 있도록 하였다. 게르시의 이야기모델은 라하드의 6PSM과 마찬가지로 참

영국 출신의 연극치료사로 고전, 신화, 민담 등 전해 내려오는 이야기와 개인 이야기의 주제와 구조를 통해 그들이 삶에 대한 감각을 되찾을 수 있도록 서사적 모델에 근거한 연극치료 이야기모델을 개발했다.

여자가 여섯 장면으로 구조화된 이야기를 만들어서 말로 설명하거나 그림으로 표현한 다음에 최종적으로 연극으로 실연하는 방식이다. 게르시의 이야기 구조를 6PSM과 비교해 볼 때 인물(주인공), 조력자와 대립자(장애물), 결말은 동일하나 과제와 사명 및 클라이맥스 대신에 배경과 거주지가 들어 있다. 참여자가 배경과 거주지를 설명할 때, 친밀했던 사람과 함께했던 과거의 다양한 사건을 되새김질하면서 상실감에서 회복하기를 기대했던 것이다. 게르시가 특히 주목하는 부분은 조력자와 장애물이다. 참여자의 이야기 과정에서 조력자가 나타나지 않는다면 치료사는 그 지점을 치료의 출발점으로 삼을 수 있다. 참여자가 장애물에 의해 지나치게 압도당할 때에도 그 부분이 문제해결을 위한 포인트가 될 수 있다. 이렇듯 게르시의 연극치료 이야기모델은 원형적인 이야기로부터 출발하여 참여자가 스스로 문제를 인식하고 이를 풀어 나가는 방식으로 이루어져 있다. 보편성과 즉흥성이 혼합된 텍스트의 창작 과정은 참여자의 무의식이 투사된 것으로, 이 과정을 거치면서 참여자는 죽음의 보편성을 받아들이고 살아 있는 자가 해야 할 일을 성찰할 수 있게 된다. 텍스트의 창작 과정이 곧 연극치료가 되는 것이다.

셋째, 연극치료 텍스트는 집단으로 창작하기도 한다. 집단이란 개인들의 만남으로 형성되며, 집단 속의 개인들은 상호 관계를 형성한다. 비록 개인은 저마다의 이야기를 지니고 있으나 삶과 죽음이라는 거대한 공통분모 속에서 개별적인 이야기는 집단 공통적 요소를 지닌다. 집단 텍스트와 개인 텍스트는 떼려야 뗄 수 없는 관계다. 개인들이 함께 창작한 이야기는 나눔과 초점 맞추기를 통해 심화되고 풍성해져서 누구나 동감할 수 있는 집단 텍스트가 된다. 집단의 이야기는 그에 속한 사람 모두의 개인적 역사를 토대로 구성된다. 연극치료는 참여자의 개인적인 이야기와 관계를 맺음으로써 더욱 광범하고 포괄적인 집단 이야기로 확장된다. 이렇게 확장된 이야기는 참여자에게 자신의 언행을 돌아볼 수 있는 용기와 영감을 주고, 개인의 과거 경험에 대한 피드백도 제공한다. 참여자는 집단의 이야기 속에서 정말로 특별한 시공간에 있는 듯한 느낌을 지닌다. 이야기의 집단 창작은 다양한 방식으로 이루어진다. 가령, 참여자가 많을 경우에는 조별 단위로 나누어서 토론과 논의 과정을 거쳐 창작하는 방법이 있다. 이 경우에는 외적 성향의 참여자가 주도적으로 이야기를 제시할 수 있다는 점을 감안해야 한다. 또 다른 하나는 동그랗게 둘러앉은 참여자들이 옆 사람의 문장을 받아 한 문장을 첨가하고, 다른 쪽 옆 사람에게 넘기면서 이야기를 만드는 방법이 있다. 이는 즉흥성이 강화되고, 즐거운 분위기 속에서 집단 전체가 고르게 참여할 수 있다는 장점이 있다. 참여자의 수가 많지 않다면 치료사가 이야기를 시작하고 참여자들이 호응하면서 자연스럽게 텍스트를 창작할 수도 있다. 이처럼 치료사와 집단의 성향에 따라 적절하게 설정된 이야기의 집단 창작 과정은 전체가 상호 동질감을 형성할 수 있으며, 함께 이야기를 만들어 나가는 자체가 일종의 놀이로서 즐거운 분위기를 배가시켜 자발성과 창조성을 고양시킨다는 장점이 있다. 집단 텍스트는 각 개인의 이야기가 투사되어 있으나 집단으로 창작된 까닭에 참여자가 극적 행동으로 옮김에 있어서 심리적 부담감을 줄일 수 있다. 자기 이야기이지만 남의 이야기처럼 행동할 수 있는 것이다.

넷째, 연극치료는 고전 극텍스트를 기꺼이 활용한다. 연극치료에서 기존의 극텍스트는 여러 장점이 있다. 하나는 극텍스트는 구어체의 언어로 되어 있을 뿐 아니라 자체적으로 무대의 행동이 구조화되어 있어서 바로 무대에서 연기가 가능하다는 점이다. 또한 기존의 극텍스트라는 익히 알려진 이야기를 소환하여 이를 연기할 때 현실과 동떨어진 느낌을 주는 거리 두기가 가능하므로 참여자는 안전한 느낌 속에서 역할연기에 몰두할 수 있다는 점이다. 고전은 현재의 경험과 동떨어져 있다는 느낌을 주므로 참여자들이 개인적 드라마의 의식되지 않은 측면을 털어놓을 수 있는 최상의 기회를 제공한다. 나아가 극텍스트에는 잘 알려진 정형화된 인물-성격이 있으므로 이를 참여자의 이슈에 십분 활용할 수 있다. 가령, 인물 오이디푸스 왕은 '책임과 정체성'으로, 햄릿은 '존재하고자 하는 용기'(Andersen-Warren & Grainger, 2009)의 주제로 활용할 수 있다. 한편, 앤더슨 워런과 그레인저는 『연극치료 접근법의 실제』에서 〈표 2-1〉의 극작품 주제에 따른 레퍼토리를 제시하였다.

여기서 언급된 극텍스트는 모두 서양 텍스트다. 한국인 참여자를 위해서는 한국인 극작가가 창작한 극텍스트를 활용하는 것이 바람직하다. 극텍스트가 참여자와 동일한 사상과 문화를 바탕으로 한다면 한 차원 높은 공감대를 형성할 수 있다. 한국에서 교

<표 2-1> 극작품과 주제의 예

극작품	극작가	주제
오이디푸스 왕	소포클레스	책임/정체성
만인	전통적 도덕극	인간의 조건
파우스트 박사	말로우	지식을 통한 권력
맥베스	셰익스피어	야망/인과응보
햄릿	셰익스피어	존재하고자 하는 용기
리어왕	셰익스피어	사랑하는 법 배우기
오셀로	셰익스피어	불안/배신
로미오와 줄리엣	셰익스피어	사랑할 자유
안토니와 클레오파트라	셰익스피어	열정의 힘
십이야	셰익스피어	사랑을 추구함
태풍	셰익스피어	성장과 변화
타르튀프	몰리에르	기만과 조작
스캔들 학교	셰리든	사회적 위선 대 진실한 감정
헤다 가블레르	입센	숨겨진 죄의식
벚꽃 동산	체호프	과거에 대한 집착, 뒤돌아보기
사천의 선인	브레히트	사회적 착취
고도를 기다리며	베케트	의미 추구

양인이라면 대개는 〈오이디푸스〉나 〈햄릿〉은 안다. 원작을 읽지 않았더라도 영화나 연극을 통해 접했을 수 있다. 그에 비해 잘 알려진 국내 극작가의 극작품은 불행히도 손에 꼽을 정도다. 이러한 상황에서 한국의 연극치료에서 해야 할 일 중 하나는 연극치료를 위한 국내의 극텍스트 개발이다. 한국을 대표하는 문인 또는 노벨문학상 후보로 추천하고 싶은 한국의 대표작가 목록에는

불행히도 극작가는 없다. 소설이 강세를 보이고, 다음으로 시가 자리를 차지하고 있다. 다만 『한국희곡전집』 『한국희곡선』, 한국 희곡 작가 57명의 대표작 112편을 100권에 담은 『지만지 한국 희곡선집』 『한국현대 희곡선』 등을 참고하여 대중적으로 잘 알려지고 치료 효과가 크다고 판단된 극텍스트를 선정하여 이를 주제별로 목록화할 필요가 있다. 예를 들어, 『한국현대 희곡선』에는 유치진, 함세덕, 오영진, 차범석, 이근삼, 최인훈, 이현화, 이강백, 이윤택, 오태석의 극작품이 들어 있다. 이들은 한국 희곡을 대표하는 극작가이지만 전반적으로 소설가나 시인에 비해 대중성이 떨어진다. 따라서 한국 극작가의 텍스트를 연극치료 주제별로 나누는 것은 우리에게 주어진 숙제라고 생각한다. 연극치료의 텍스트는 텍스트를 위한 텍스트가 아니다. 연극치료 텍스트는 참여자의 변화와 치료가 목적이므로 꼭 특별한 이야기일 필요도 없다. 어떤 경우든 기본 형태를 공유하는 한 이야기는 서로 닮아 있다. 개인적이든, 원형적이든 바탕에 깔린 사건의 질서는 동일하며, 모두 참여자의 변화를 다루고 변화의 과정을 구현한다. 다양한 방식으로 구성이 가능한 연극치료 텍스트는 치료사의 지식과 경험, 나아가 참여자의 문제 등이 적절하게 반영된 것이라면 연극치료 임상에서 훌륭하게 활용할 수 있다.

제4장

연극치료 경험하기

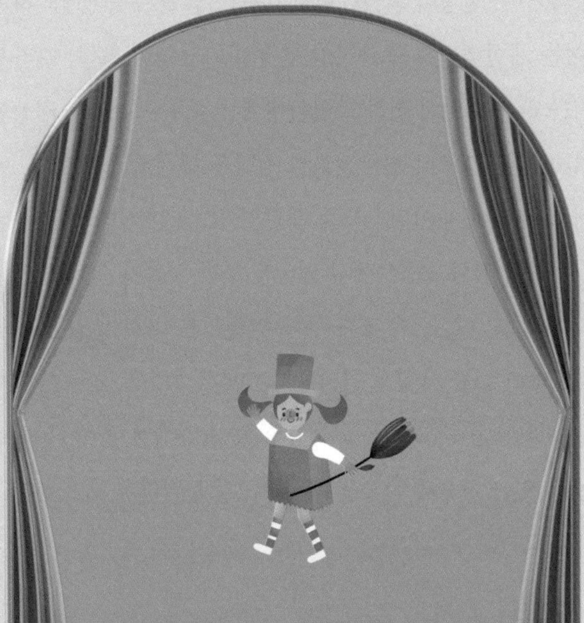

연극은 곧 치료이며, 이 점을 강조하여 참여자-환자를 치료하는 것이 연극치료라는 것을 어떻게 경험할 수 있을까? 물론 관객으로서 어떤 연극을 보면서 마음이 시원해지는 느낌을 받았다거나, 힐링이 되었다면서 이를 언급할 수는 있다. 하지만 이는 개인적이고 주관적인 편향일 가능성이 크다. 따라서 우리는 많은 사람이 접하고 인터넷에서 풍부한 자료를 검색할 수 있는 영화로부터 연극치료적 경험을 제시하고자 한다. 예컨대, 영화 〈패치 아담스〉(톰 새디악 감독, 1999)와 〈왕의 남자〉(이준익 감독, 2005)에서 연극을 통한 치료가 어떻게 가능한지를 알 수 있다. 이 영화들 속 인물들은 그것이 일종의 연극치료라고 하는 사실을 인지하지는 못하겠지만, 연극 행위가 얼마나 위안을 주고 고통스러운 삶을 지탱하게 하여 다시 일어설 수 있는 치료적 기능을 제시하는지 분명하게 보여 준다.

1 〈패치 아담스〉에 나타난 연극의 치료성

실화를 바탕으로 제작된 영화 〈패치 아담스(Patch Adams)〉는 일상생활을 영위하는 데 정신적으로 상당한 어려움을 겪었던 헌터 아담스(Hunter D. Adams)라는 인물이 전인적 의사가 되기까지의 여정을 감동적으로 그리고 있다. 영화 초반부에 주인공은 자살 성향의 정신병 증세를 보인다. 그는 자신의 정신병을 치료하고 새 출발을 위해 자진해서 정신병원에 입원한다. 그리하여 그곳에서 인생의 결정적인 전환점이 될 수 있는 주요 인물들을 만난다.

그는 정신병원에서 '패치'라는 별명을 얻으면서 '패치 아담스'로 새 인생을 시작하는데, 패치가 병원에서 인물들과 만나는 순서는 매우 중요하다. 이들과의 만남에서 주인공은 점진적인 자각과 변화를 일으킨다. 인물들 가운데는 방해자로 작용하는 의사 프랙이 있으며, 그에게 도움을 주는 환자들이 있다. 프랙은 주인공과 대척점에 있으나 아이러니하게도 패치가 자기 생각을 구체화하는 데 공헌한다. 환자 가운데는 패치에게 개인별로 시각차가 존재한다는 생각을 하도록 한 긴장병 환자 비니가 있으며, 패치처럼 스스로 입원한 환자로서 이름을 헌터에서 패치로 바꿔준 아더가 있다.

아더와의 만남에서 확신을 얻은 패치는 역할연기를 통해 룸메이트 루디가 다람쥐 증후군을 극복하고 화장실을 가도록 하는 데 성공한다. 루디의 치료에 결정적으로 기여하는 순간에 패치 자신도 치료됨을 느낀다. 루디와 벌였던 역할놀이에서 타인과 진정으로 연결될 수 있다는 느낌을 받았던 것이다. 패치와 루디의 역할연기는 놀이 형식을 통한 연극치료 방식이라고 해도 손색이 없다. 이처럼 정신병원에서의 자각은 훗날 패치가 의사로서의 의료 행위를 함에 있어서 인간을 중심에 두는 것과 치료 방식에 있어서 역할을 통한 상호 교감을 중시하는 방향으로 나가게 된다.

영화 포스터에서 의사 가운을 입은 패치의 모습이 이채롭다. 그는 빨간 코를 달고 있으며, 채플린 스타일의 커다란 신발은 어릿광대를 연상시킨다. 곡예나 연극 등에서 우스꽝스러운 말과 행동, 재주 등을 통해 관객을 웃기고 마음을 열도록 하여 연극판으로 끌어들이는 광대의 모습에서 환자와 마음으로 연결되고 소통하는 의사로서 역할놀이를 기반으로 하는 그의 진료 방식을 예견할 수 있다. 의료 행위에서 각종 광대의 소품을 활용하는 패치의 역할연기는 과연 어떤 식으로 환자에게 도움을 주는가?

〈패치 아담스〉 영화 포스터

영화의 오프닝 장면은 매우 우울하다. 단조의 선율이 흐르는 가운데 눈 덮인 산길에 버스 한 대가 조심스럽게 운행하고 있다.

버스 안의 한 남자의 얼굴 역시 우울하다. 아무도 기다리지 않는 집을 향해 가고 있는 이 남자는 당시의 심정을 이렇게 말한다.

"그때 내가 어떤 감정이었는지 표현하기 힘들다. 눈 오는 며칠을 걷는 자신의 모습을 상상해 보라. 눈 속에 묻힌 무거운 다리를 이끌고 제자리를 맴돌고 있는 것도 모르는 채 네 외침은 바람 속으로 사라지고, 얼마나 자신이 작게 느껴지는지, 얼마나 집이 멀리 있는지……."

이 독백은 언제 끝날지 모르는 지치고 힘든 삶, 초라해 보이는 자신의 심정을 솔직하게 담아내고 있다. 집에 도착한 주인공은 욕실 거울에 얼굴을 비춰 보고는 장을 연다. 그 안에는 약들이 빽빽하게 들어 있다. 이어 시퀀스가 끝나고 정신병원이 나타난다.

의사와의 면담에서 드러난 그의 어린 시절은 불행했다. 패치의 과거에 어머니에 대한 기억은 아예 없으며, 아버지는 그가 9세에 죽었다. 그의 아버지는 한국전쟁에 참여한 재향군인이다. 외상 후 스트레스 장애(PTSD)는 주로 참전군인, 대형 사고, 폭행, 성폭력 등에서 생겨난다.

남자의 경우에는 전쟁 경험이 있는 경우가 많고, 여자의 경우에는 물리적 폭행, 강간을 당한 경우가 많다. 베트남 참전용사의 약 30%가 외상 후 스트레스 장애를 경험했다는 보고도 있다(김찬형, 2005).

미국에서 재향군인들을 상담하면서 상담학이 본격적으로 시작된 것은 익히 알려진 사실이다. 순간순간 생사의 갈림길에 서 있는 전쟁터의 상황은 끔찍하다. 전우의 처참한 죽음, 민간인과 아이들의 울부짖음과 죽음을 목격한 사람들이 일상에 복귀했다고 한들 정상적인 삶을 살 수가 있겠는가. 재향군인들이 겪는 트라우마는 종종 의학계에 보고된다. "환자들은 전쟁을 겪은 후 허무한 감정에 잠식당했으며, 전쟁 전에 멀쩡했던 사람이 내성적이고 남들과 거리를 유지하며 사는 사람이 되었다"(von der Kolk, 2017).

패치의 아버지 또한 정상적인 생활이 불가능했던 것 같다. 그가 죽기 직전 어린 아들에게 "혼이 나간 것 같다."라고 고백한 것을 보면, 외상 후 스트레스 장애 환자였던 점이 분명하다. 이러한 가족 환경에서 어린 패치는 양육자로부터 안전한 삶의 환경을 제공받지 못했을 것이다. 외상 후 스트레스 장애를 겪는 대부분의 재향군인은 과거의 행동에 대해 수치심에 사로잡히게 되고, 자신이 겪은 일에 관한 기억을 도저히 견디지 못해 약물이며 알코올, 자해로 그 감당할 수 없는 기억을 차단하려고 한다. 패치의 아버지는 아내와의 관계가 원만하지 않았을 것이고, 이를 견디다 못한 아내는 가정을 버리고 떠났을 수 있다. 그렇게 남겨진 아버지와 어린 아들 사이의 관계는 대략 짐작이 간다. 약물에 의존하는 아버지는 분노를 표출하고 폭력적이었을 것이며, 아들은 폭력의 희생자가 되었을 것이다. 이렇게 추측할 수 있는 중요한 단서는 성인이 된 패치가 의사에게 말한 것처럼 아버지의 비정상적인 행동들이 모두 자기 때문이었다고 생각했다는 점이다.

보통 아동학대 피해자들은 예상과는 달리 스스로의 생존을 위해 가해자와의 단절을 원하지 않는다. 가해자가 두려운 존재이기는 하나 자신의 양육자이기 때문에 생존에 도움을 줄 수 있다고 판단하기 때문이다. 학대 사례에서 흔히 나타나는 이 같은 현상은 가해자가 피해 아동과 가까운 사람이고, 아이가 의지하는 사람일수록 더욱 두드러진다. 이로 인해 피해자가 과연 희생자인지, 아니면 본인의 의지로 사건에 관여한 것은 아닌지 혼란이 발생하고, 사랑과 공포, 고통과 즐거움의 경계가 어디인지 헷갈리게 된다. 아버지의 폭력과 학대에 시달린 패치 역시 트라우마성 발달장애 증상을 겪은 것으로 볼 수 있다.

트라우마성 발달장애의 진단 기준에 관한 합의안에 따르면, 노출의 경우에 아동기나 초기 청소년기로부터 최소 1년 동안 부정적인 사건을 다수 또는 장기적으로 경험했거나 목격한 어린이나 청소년에 해당한다. 부정적인 사건으로는 대인관계와 관련해서 심각한 폭력 사건을 반복적으로 직접 경험하거나 목격한 경우가 있으며, 1차 양육자가 반복적으로 변경되어 양육 과정에서 제공된 보호 수준이 현격히 악화된 경우, 1차 양육자가 반복적으로 분리된 경우, 심각한 정서적 학대에 지속적으로 노출된 경우가 있다. 그런데 패치의 어린 시절은 정확하게 이러한 요소들과 일치한다.

어렸을 때 애착 형성에 문제가 있었던 사람, 학대를 당한 사람은 대인관계 기술도 부족하고 감정 조절 능력도 약하다. 이런 사람은 한곳에 오래 머물지 못할 뿐더러 어떤 일을 집중력 있게 해내지도 못한다. 패치의 잦은 이사나 직장 적응 실패와 같은 비정상적인 사회 적응 문제는 학대당한 아이, 애착 형성에 문제가 있는 아이, 트라우마성 발달장애의 아이에게서 흔히 나타나는 현상이다. 이러한 어려움을 겪고 있는 패치가 이를 극복하고 자신과 같이 어려운 처지에 있는 다른 환자들을 도와줄 수 있었던 것은 어떤 요인에서 비롯된 것일까? 영화에서 몇 가지 단서를 통해 추측해 볼 수 있다.

첫째, 그는 약물에 의존해 있었지만, 정신병원에서 우연히도 색다른 방식의 치료가 이루어졌다는 점이다. 현대 정신의학에서는 약물치료와 함께 심리치료나 예술치료 또는 뇌를 자극할 수 있는 신체 관련 치료를 병행할 것을 권한다.

치료는 크게 심리치료와 약물치료로 구분할 수 있다. 심리치료의 하나로, 정신분석치료를 통해 외상에 대한 고도의 불안과 과도한 반응을 줄이고, 외상 기억을 재구성하는 시도가 이루어질 수 있다. 외상에 대한 생생한 기억에 환자를 노출시키는 노출기법, 체계적 탈감각과 같은 행동 치료는 환자가 경험하는 회피 반응을 줄이고, 통제력을 향상시킬 수 있다. 이완 훈련, 호흡 재훈련, 외상 교육, 인지 재구성, 의사소통 훈련과 같은 불안 조절 훈련은 외상 후 스트레스 장애와 연관된 정서를 조절하는 능력을 강화시킨다(정영정, 백광우, 2009).

더구나 우울증이나 외상 후 스트레스 장애 같은 경우에는 뇌

과학의 발달로 손상된 뇌에 자극을 가하려는 치료 기법이 주목을 받고 있다. 신경계의 체계는 정보가 신체에서 뇌를 향해 전달되는 구조를 지닌다. 따라서 호흡, 노래, 움직임 등의 신체 활동을 통해 각성 체계를 직접 훈련시켜서 뇌에 영향을 주려는 치료 방식이 활발하다. 요가, 명상, 마사지, 마음 챙김 등을 통한 감정 조절은 트라우마로부터 생겨난 영향을 관리하는 데 중요한 역할을 하는 것으로 밝혀졌다.

영화의 오프닝 장면에서 보여 준 욕실의 약들은 약물치료의 흔적들이다. 콜크(van der Kolk, 2017)의 단언에 의하면, 약은 트라우마를 치유할 수 없다. 그저 생리학적인 측면에서 발현되는 혼란스러운 증상들을 약화시킬 뿐이다. 또한 약으로는 자기 조절이 가진 장기적인 효과도 깨달을 수 없다. 감정과 행동 조절에는 도움이 될 수 있지만, 반드시 그에 대한 대가가 따른다. 약물의 효과는 곧 참여, 동기 부여, 고통, 기쁨을 조절하는 신체의 화학적 시스템을 차단한 결과이기 때문이다. 패치가 정신병원에 입원하게 된 것도 약물치료로는 우울한 성향과 트라우마 장애를 근본적으로 치유할 수 없었기 때문이다. 약물은 복용 시 일정 부분 도움이 되지만 약을 끊으면 증상이 재발할 가능성이 크다. 그런데 패치는 정신병원에서 완벽하게 치료된다. 그것은 의사의 처방이나 약물의 도움이 아닌 다른 사람과의 관계 형성, 나아가 역할놀이가 주요했기 때문이다.

둘째, 패치에게는 어린 시절에 희미하나마 하나의 빛이 있었으니 그 존재는 곧 삼촌이다. 어린 패치의 삶은 완전히 방치되거나 애착 관계가 전혀 없던 것은 아니었다. 아버지가 죽은 후 삼촌은 조카를 찾아와 그의 말을 들어 주었다. 삼촌의 존재는 패치에게 이 세상에 홀로 방치되어 있다는 느낌에서 벗어나도록 했을 것이다. 자신을 표현할 수 있다는 것, 누군가와 애착 관계를 맺을 수 있다는 것은 패치의 치유 가능성을 보여 준다. 패치가 누군가에게 정서를 표현하고 교감할 수 있었던 경험은 타인과의 상호 접촉을 용이하게 해 주는 요소다.

정서 표현을 통한 정서의 공유는 대인관계의 사회적 상호작용을 통해 자기개념을 확고하게 해 주고, 다른 사람의 도움을 이용하도록 하기 때문에 어려움에 효율적으로 대처할 수 있도록 도와준다. 정서를 표현하는 것은 타인으로부터 사회적 지지를 획득하게 하는 역할을 하는데, 상대방에게 긍정적인 감정을 표현하는 것은 서로 간에 우호적인 분위기를 만들어 서로의 접촉을 촉진시킨다(양세경, 오수성, 2009).

패치는 어려서 부모와 애착 관계를 형성하지 못했다.

영유아기의 부모-자녀 관계의 양상(nature)이 아동의 성격 형성에 가장 중요한 요인으로 알려져 있다. 많은 경험적 결과는 초기 2년간의 안정적 애착의 발달이 다른 성인이나 또래 아동들과의 높은 사회성, 부모와의 높은 순응성, 그리고 보다 효과적인 감정 조절과 연관이 된다는 점을 시사한다(안동현, 최지은, 2004).

삼촌의 존재는 어린 패치에게 든든한 버팀목이 되었고, 불안정한 애착에서 생겨나는 부정적 요소들을 극복할 수 있는 잠재력을 갖게 되었던 것이다.

셋째, 집단상담에서 의사 프랙과의 논쟁에서 다른 환자들의 지지는 패치의 자존감 향상에 큰 힘이 되었다. 그는 동료 환자들의 지지 속에서 환자들에게는 절대적인 힘을 지닌 의사와 맞서 자신의 논리를 고수한다. 이렇게 힘을 얻게 된 패치는 의사는 절대로 침대에서 내려오도록 할 수 없었던 다람쥐 증후군 환자인 루디를 침대에서 내려오도록 하는 데 성공한다.

루디와 패치의 첫 만남은 인상적이다. 간호사는 패치에게 룸메이트 루디를 소개하면서 루디가 3주 동안에 침대에서 내려오지 않았기 때문에 별 문제가 없을 것이라고 말한다. 루디가 오랫동안 침대를 떠나지 않은 이유가 무엇일까? 침대에 앉아 있던 루디는 패치의 팔에 있는 털에 관심을 보인다. 그러고는 갑자기 발작 증세를 일으킨다. 루디는 패치를 배신자라고 부르며 공포에 떤다. 패치가 방 안으로 들어올 때 무엇인가 함께 들어왔다는 것이다. 간호사들이 뛰어와 주사를 놓자 루디는 고통을 호소하며 다람쥐가 물었다고 고함친다. 루디는 있지도 않는 다람쥐가 자신을 위협한다고 믿는 다람쥐 증후군 환자였다. 루디의 다람쥐 환각 증세는 조현병 환자의 특징 중 하나다. 조현병에서 나타나는 가장 핵심적인 증상은 망상과 환각인데, 이 증상들은 보편적으로 거의 모든 환자에게서 나타나지만, 그 내용은 환자 개인에 따라 다양하게 표출된다(정현진, 김대호, 오현영, 박용천, 2013).

이제 영화는 다람쥐가 무서워서 화장실을 가지 못하고 침대에 앉아 있는 루디로 인해 패치가 잠들지 못하는 상황을 보여 준다. 다람쥐를 무서워하는 루디가 침대에서 내려오는 것은 불가능해 보인다. 잠을 자고 싶은 패치는 루디에게 다람쥐가 얼마나 유순한 동물인지 설명하기 시작한다. 하지만 이론적 설득은 다람쥐들이 돌아다니면서 자신을 노리고 있다고 굳게 믿고 있는 루디에게 통할 리 없다. 이때 그들은 참으로 우연히 다람쥐를 물리치는 전쟁놀이를 하게 된다. 놀이는 패치가 자신의 시각을 접고 루디의 입장이 되면서 가능해진다. 패치가 관점을 바꾸자 나람쥐들이 득실거렸던 것이다. 참여자의 마음을 열도록 하는 첫걸음은 그를 인정하고 그의 눈으로 세상을 바라보는 것이다.

심리상담, 심리치료, 예술치료에서 중시하는 것 중 하나는 치료사가 자신의 지식을 내세우기보다는 상대방을 존중하는 것이다. 참여자 중심 상담은 일찍이 인본주의 상담가인 칼 로저스(Carl Rogers)의 상담 방식이었다. 성공적인 상담은 내담자와 상담자의 관계가 철저하게 인간적이고 주관적인 관계로 몰입되는 것을 전제로 한다. 상담자와 내담자의 관계는 인간 대 인간의 관계가 되어야 한다는 것이다(이영희, 1994). 자신의 논리를 내세워서 루디를 설득하려고 했던 패치는 루디의 입장이 되자 전혀 다른 세상이 펼쳐진다. 패치가 손가락 총으로 다람쥐를 쏘기 시작하자 루디도 동참한다. 이제 다람쥐들이 실제 하느냐 하지 않느냐는 의미가 없게 된다. 이들은 전쟁놀이를 통해 마음과 신체가 조화를 이루고 서로 연결되어 있다는 정서를 체험한다. 이렇게 다람쥐들과 전쟁

놀이를 벌인 결과 루디는 화장실에 갈 수 있게 된다.

루디가 침대에서 내려와서 화장실을 갈 수 있었던 결정적인 계기는 놀이다. 그런데 이들의 놀이는 마치 대본이 있는 것처럼 일정한 역할이 설정된 연극 놀이 형태로 이루어진다. 역할을 연기한다는 것은 어떤 의미일까? 인간은 태아에서부터 자신의 의지와는 무관하게 역할을 부여받으며, 성장할수록 역할은 더욱 다양해진다. 개인의 개성과 환경을 바탕으로 그가 행해 온 역할에 따라 그의 생각과 행동 등이 결정된다. 즉, 우리의 자아는 우리가 연기하는 역할을 통해 만들어진다(Dayton, 2012). 역할들이 축적되어 자아를 형성한다면 현재 처해 있는 문제는 다름 아닌 역할에 문제가 있다고 할 것이고, 이때 역할놀이는 문제를 깨닫고 해결하는 주요 방안이 될 수 있다. 이런 점에서 역할연기는 스스로에 대한 성찰이자 문제해결의 한 방식이다.

모레노는 인간은 근본적으로 역할 수행자라고 말했다. 역할은 외부 세계에서 무의식으로 들어가서 형태와 질서를 부여하므로 무대와 현실에서의 역할을 다뤄 봄으로써 무의식에 다다를 수 있다는 것이다. 따라서 사이코드라마는 역할 수정과 새로운 역할의 추가, 그리고 타인을 개인의 전경이 아닌 배경으로 옮기는 과정을 통해 역할극을 치료에 활용한다. 모레노에 따르면, 역할은 자아(self)가 취하는 구체적인 형태다. 따라서 우리는 우리가 수행하는 역할에 따라 느끼고, 생각하고, 행동하게 된다.

이렇듯 역할은 피상적인 연기의 허구적 요소가 아닌 개인의 무의식은 물론이고, 느낌, 생각, 행동을 통합적으로 포용한다. 역할이 적절하다면 건강하다는 증거이지만, 어울리지 않는 역할을 맡고 있다면 병리적 현상이 생겨날 것이다. 모레노는 현대인들이 감당하기 벅찬 역할을 책임지고 있다고 진단하면서 이들에게 필요한 것은 개인 존재에 가장 잘 어울리는 역할을 발견하는 것이라고 말했다. 따라서 역할을 활용한 치료 방식, 이를테면 연극치료나 사이코드라마는 본인에게 적절한 역할을 탐색함으로써 깊은 공감을 이끌어 내고, 감춰졌던 무의식이 드러나도록 하는 데 초점을 맞춘다.

역할연기로부터 자아의 형성 방식이나 미해결 과세를 탐색할 수 있으므로 이를 통해 인간은 성장할 수 있다. 즉, 역할을 탐색하는 일은 역할에 내재되어 있는 생각, 감정, 행동 그리고 행위 갈망이나 열린 긴장을 탐색하는 작업이다. 역할극은 인간의 성장을 위한 훌륭한 도구인 것이다.

연극적 요소들을 통해 문제의 자아를 탐색하는 연극치료 또한 역할연기를 적극적으로 활용한다. 참여자들은 역할을 구축하는 경험을 통해 그 역할이 자신과 잘 어울리는지 그렇지 않은지 알아차림의 과정을 거친다. 역할 탐색을 통해 안전하고 조화로운 역할을 발견하고 통합할 수 있다면 참여자는 습관적 역할에서 생겨난 문제를 극복하고 새로운 역할을 통해 자존감을 회복하여 온전하게 될 것이다. 연극치료에서 역할은 경험하고 습득해야 하는 다양함이다. 그것들이 한 존재 안에서 통합될 때 비로소 온전해질 수 있는 힘이 생긴다(박미리, 2013).

1) 역할놀이의 치료적 요소

패치와 루디 사이의 역할연기에는 치료에 필요한 사항들, 즉 관계 형성, 즉흥성, 자발성, 창조성, 직면 그리고 신체적 접촉과 움직임이 있다. 이들을 구체적으로 살펴보자. 일단 두 사람 사이에서 신뢰 관계 형성의 발달 과정은 중요하다. 신뢰 관계가 제대로 성립되어 있지 않다면 치료는 불가능하다. 패치와 루디 사이의 첫 만남은 긴장 상태다. 루디와 배신자로 낙인찍힌 패치 사이에 진정한 관계는 어려워 보인다. 그러나 다람쥐 퇴치라는 역할놀이가 이루어진 시점에는 두 사람 사이에 탄탄한 신뢰 관계가 쌓여 있다.

신뢰를 형성하게 된 또 다른 결정적인 계기는 집단상담이다. 그간 병원에서의 집단상담은 별 감흥 없는 형식적인 절차에 불과했을 것이다. 하지만 패치의 개입으로 참여자들 사이에 역동이 일어나고, 그들은 즐거운 시간을 보낸다. 방에 돌아온 루지는 패치에게 정말 좋은 모임이었다는 진심 어린 마음을 전한다. 치료사와 참여자의 관계 형성은 치료의 기본 조건이다. 여기서 관계란 두 사람 사이의 공감적인 인간관계 또는 친밀도, 특히 치료자와 환자 사이의 관계를 말하는 심리학 용어로서 조화로운 관계(harmonious relationship) 또는 즐거운 관계와 개인적인 유대감을 뜻하며, 치료적 동맹(therapeutic alliance)이나 치료적 관계(therapeutic relationship)의 의미로도 사용된다. 관계는 치료사와 참여자에게 긍정적인 영향을 미치게 되는데, 이러한 긍정적인 영향으로 신뢰 형성과 전문성 및 자신감 상승 등이 일어나고, 참여자는 제공된 서비스에 대한 만족도 향상과 치료자를 향한 충성도가 증가한다(신연희, 이은남, 조영신, 정선애, 2017). 패치와 루디 사이에 형성된 관계는 두 사람이 진정한 동료가 되어 적을 물리치는 데 일조할 뿐 아니라 놀이를 현실과 연계시켜서 치료에 이루도록 하는 커다란 동력이 된다.

또 하나는 즉흥성이다. 영화에서 두 사람의 전쟁놀이는 아무런 계획 없이 즉흥적으로 이루어진다. 당연히 잠자고 싶어 하는 패치는 루디와 놀이를 할 계획이 전혀 없었다. 이들이 보여 준 것처럼, 참여자는 즉흥적 상황에서 자유로운 상상력이 날개를 펼 수 있다. 칸트에 의하면, 오성과 조화를 이루는 자유로운 상상력이야말로 놀이의 특징이다. 상상력은 법칙을 전제하지 않은 채 자유로이 활동하며, 자유로운 상상력의 활동은 우연히 오성과 일치하여 조화를 일구어 낸다. 이것이 상상력과 오성 사이의 필연적인 기계적 일치와 구분되는 양자 사이의 자유로운 심미적 일치다. 이러한 일치를 칸트는 놀이라고 불렀다. 그것은 지성과 상상력 사이의 자유롭고 조화로운 놀이다.

상상력을 확장하는 즉흥적 역할놀이가 성립하기 위해서는 법칙에 종속된 것은 아니지만 놀이의 진행 상황에 대한 인물들 간에 묵시적 동의가 필요하다. 놀이가 우연적이며 특수하고, 그 자체로 어떠한 법칙에 종속되어 있지도 않으며, 어떠한 목적도 지향하지 않는 활동이면서도 그 속에서 법칙과 목적을 담아내는 활동(최소인, 2002)이라는 칸트의 언급처럼, 패치와 루디의 놀이 또한 목적 지향적 활동이 아니다. 놀이는 관습적이며, 고정된 것이 아닌 언제든지 변형이 가능한 상태여야 한다. 그렇지만 놀이가 진전하기 위해서는 매 순간에 두 사람의 즉흥적 합의가 필요하다. 상상력을 바탕으로 즉석에서 주고받는 합의로 성립하는 즉흥적 놀이는 개인의 미해결된 무의식을 반영하므로 현재 자신이 처해 있는 문제에 접근할 수 있도록 해 준다. 놀이에서 즉흥성이 중요한 것은 '지금 여기'라는 곳에 확실하게 닻을 내리도록 하기 때문이다.

또한 자발성과 창조성이 있다. 자발성과 창조성은 상보적이다. 놀이에 자발적으로 참여할 때 상상력은 확장되고, 일상의 습관적 틀은 사라지면서 창조성은 활기를 띤다. 즉흥적인 역할놀이에의 자발적인 참여는 이미 창조적 세계에 발을 들여놓은 것이 된다. 자발성과 창조성은 사이코드라마의 핵심 사항이기도 하다. 모레노는 창조성을 중요한 본질이자 심상의 근원으로, 자발성을 중요한 촉매이자 창조적인 심상의 행위를 통하여 그 결실을 맺게 하는 목표나 추진력으로 간주했다. 자발성은 창조성의 본질을 결정지으며, 창조성은 자발성의 도움으로 충실한 결실을 이루게 된다(양혜진, 2011). 자발적으로 참여한 역할놀이에서 패치와 루디는 다양한 창조적 행위를 보여 준다. 그들은 평소와는 달리 큰 소리로 외치거나 루디가 패치의 머리를 때리는 등의 행동을 한다. 이들은 침대를 눕혀 엄폐물을 만들기도 하고, 비주카포를 어깨에 매고 적들을 향해 발사하기도 한다. 이러한 전쟁놀이는 상상력이 발휘된 창조적 사고의 결과다. 중요한 것은 놀이에서 창조성이 발현될 때 즐거움이 신체 전체로 확산되고 내적 무의식이 밖으로 표출된다는 점이다. 루디가 침대에서 내려오고 화장실에 가게 된 것도, 자발적이고 창조적인 역할놀이에서 신체적 즐거움과 무의식이 표현된 결과라고 할 수 있다.

또 하나는 직면으로서 이는 치료 과정에서 꼭 필요한 요소다. 패치는 처음에 루디의 문제를 해결하기 위해 언어를 통해 직면시키고자 하였으나 실패하고 만다. 그러나 역할놀이에 참여한 루디는 다람쥐를 피하는 대신에 마주 서는 대담함을 보여 준다. 이 직면 행위는 그가 치료될 수 있는 원동력이다. 연극치료에서도 어느 단계에 이르면 참여자에게 문제와 직면하기를 권한다. 직면하기 위해서는 상처를 외부로 표출시켜야 하는 매우 어려운 과제가 있다. 관계 형성이 이루어지지 않은 상황, 마음의 준비가 되지 않은 상태에서의 직면은 오히려 참여자를 악화시킬 수 있다. 특히 트라우마 환자가 과거의 기억에 제압되어 있는 경우에 직면은 위험하다. 끔찍한 경험에 제압되어 있지 않을 때 비로소 그 경험을 처리할 수 있다. 루디의 경우에 직면이 가능했던 것은 신뢰감, 자발적이고 창조적인 참여, 상호 협동적인 관계가 뒷받침되었지만, 결정적인 것은 역할놀이라는 안전한 거리가 있었기 때문이다. 놀이 속의 역할은 사실이 아닌 허구이므로 그것은 자신의 이야기가 아니면서 은연중에 자신의 이야기가 된다. 거리두기 덕택에 루디는 놀이에 몰입하면서 자신도 모르는 사이에 다람쥐와 마주하게 된 것이다.

마지막으로, 그들의 역할놀이에는 신체의 움직임 및 접촉이 있다. 루디가 다람쥐 증후군에 시달렸다는 것은 과거에 유사한 상황에서 충격을 받았을 가능성이 크다. 충격적 사건이 트라우마로 작용한다면 습관적인 굴복으로 이어져서 정신적 문제를 일으킨다. 트라우마의 굴복에서 벗어날 수 있는 효과적인 방법은 언어가 아닌 당시의 상황을 실제로 재현하여 상황에 참여하고 방어하는 신체 능력을 회복하도록 하는 것이다. 이때 언어 자체만으로는 과거의 상처에서 벗어나기 어렵다. 신체를 통해 과거의 사건을 재현시킬 때 뇌의 활성화가 이루어지며, 이로부터 당시에 어떤 일이 일어났는지 기억할 수 있게 된다. 기억이 되살아날 때 비로소 그 트라우마의 기억을 과거의 일로 통합할 수 있다(van der Kolk, 2017). 이것이 언어가 아닌 신체와 감각을 기반으로 사건을 재현하는 까닭이다. 삶의 경험들의 전체적인 이야기는 움직이는 몸을 통해 접근될 수 있고 활성화되기 때문이다.

필 존스(Phil Jones) 또한 연극치료는 참여자 신체의 잠재성을 개발하는 것과 관련이 있다고 언급했다. 연극치료는 참여자에게 자신의 신체의 잠재적 감각을 알아차리고 이를 활성화하도록 해야 한다. 나아가 그는 참여자가 신체적으로 다른 정체성을 취함으로써 갖게 되는 치료적 가능성과 이점을 강조했다. 이는 역할연기 속에서 자신이 아닌 역할을 체험하면서 생겨나는 치료적 이점을 언급한 것이다. 또한 연극치료는 신체에 영향을 미치는 개인적 · 사회적 · 정치적 요인을 탐험하는 작업에 초점을 맞춘다. 사회적 존재인 인간의 신체적 실존은 언제든지 사회성을 염두에 두지 않을 수 없다. 따라서 연극치료는 역할연기를 통해 참여자

전쟁놀이를 하는 두 인물(〈패치 아담스〉의 한 장면) 다람쥐와의 전쟁을 벌이는 두 사람이 침대를 엎어 놓고 그 뒤에 숨어 망원경으로 적진을 살피고 있다.

신체의 사회적 기능을 회복시키고자 하는 것이다(Jones, 2005).

역할놀이를 하면서 루디는 패치의 등에 올라타고 머리를 때리는 등 신체 움직임과 접촉을 통해 활발한 상호 교류를 한다. 말, 움직임 그리고 촉각은 통감각적으로 감정을 전달하고 조화와 교감을 이루도록 한다. 신체적 상호 교류는 마치 즉흥 연주처럼 유쾌한 재미를 선사하면서 신체가 서로 연결되어 있다는 느낌을 준다. 우리는 다른 사람들과 함께 놀면 신체가 서로 조율되는 느낌을 받고 유대감과 즐거움을 경험한다. 즉흥 연주도 사람들이 재미와 탐구심을 동시에 느끼면서 서로 연결되도록 도와주는 신기한 방법 중 하나다(van der Kolk, 2017).

앞서 제기한 문제를 정리해 보자. 첫째, 패치와 루디 사이에 있었던 역할놀이가 이들 각자에게 어떤 도움을 주었는가 하는 문제다. 룸메이트인 패치와 루디는 우연한 기회에 역할연기를 행함으로써 피차간에 치료됨을 경험한다. 역할놀이 덕택에 루디는 다람쥐 공포를 이겨 낸다. 전문의도 할 수 없었던 일을 패치가 해

낸 것이다. 패치는 이 놀라운 체험이 자신도 변화되는 순간이었음을 깨닫는다. 훗날 그는 여자 친구에게 루디를 도우면서 생애 처음으로 깊이 도취할 수 있었고, 그로부터 자신의 문제를 잊었다고 고백한다. 패치는 루디와의 접촉에서 새로움에 눈뜨게 되었고, 병만을 고치는 의사가 아닌 사람을 돌보는 의사가 되겠다고 다짐한다. 사람은 사람을 통해 변한다. 패치와 루디는 정신, 마음, 신체가 통합적으로 개입된 역할놀이라는 교감을 통해서 서로에게 깊은 영향을 미쳤던 것이다. 사람과의 접촉과 조화는 심리학적인 자기 통제감을 찾는 원천이자 상처받고 배신당하고 버려질 수 있다는 두려움을 종결시키는 효과도 뛰어나다.

둘째, 역할놀이가 어떤 점에서 치료적인가 하는 문제다. 역할놀이에서 불가능한 역할은 없다. 역할놀이에서 고정된 역할은 없으며, 자신이 선택한 역할이 곧 자신의 역할이 된다. 놀이의 참여자는 원하는 역할이든 회피하는 역할이든 무엇이든 될 수 있으며, 과거나 미래로의 시간 여행도 가능하다. 또한 역할연기는 역할 바꾸기 등을 통해 상대방을 이해하고 자신과도 마주 설 힘을 준다. 역할을 행동으로 표현하는 일은 역할에 내재된 감정, 사고, 행동, 역사를 직면하게 만드는 일이다(Dayton, 2012). 이렇듯 역할놀이는 참여자에게 이해의 폭을 넓혀 주고 스스로 변화하고 성장하는 존재라는 것을 확인시켜 준다. 문제를 안고 있는 참여자가 문제의 특정 역할과 결별하고 새로운 역할로 대체할 힘을 지니게 된다면 그것은 곧 회복이자 치료를 의미한다.

2 〈왕의 남자〉에 나타난 연극치료

연극 〈이(爾)〉를 각색한 영화 〈왕의 남자〉는 약 1,230만의 관객을 동원하여 한국 영화사에 하나의 획을 그었다. 연극의 제목 '이(爾)'는 조선 시대에 왕이 2품 이하의 신하를 높여 부를 때 사용한 호칭이다. 연극에서 천한 광대 출신의 공길을 사랑한 연산군이 그에게 벼슬을 내리고 '이'라고 부른다. 〈왕의 남자〉에서 왕은 연산군이다. 연산군은 조선 왕조사에서 가장 잔인한 폭군으로 낙인찍힌 군주다. 영화는 모성애의 결핍과 외상을 지닌 최고의 권력자가 어떤 방식으로 불안과 분노를 표출하는지 잘 보

가운데 연산이 앉아 정면을 응시하고 그의 뒤에 장생과 공길이 서 있다. 역시 정면을 응시하는 장생의 표정은 어둡고 살짝 고개를 돌린 공길은 연산의 어깨에 손을 얹고 있다. 세 인물의 묘한 삼각관계를 표현하고 있다.

〈왕의 남자〉 포스터

여 준다. 특히 창기 출신 유부녀인 장녹수를 후궁으로 삼아 치마폭에서 놀아나는 장면과 천한 광대인 공길을 처소로 불러들여서 동성애의 사랑을 보여 줌으로써 권력자가 지닌 왜곡되고 삐뚤어진 성격, 그에 따른 불안한 정서와 고독이 잘 표현되고 있다. 그런데 연산군은 연극놀이를 통해 비록 일시적이기는 하나 감정의 해소와 심리적 치료를 경험한다.

일반적으로 연극은 이야기, 허구, 거리 두기 기능 등을 통해 공연자나 관객 모두에게 자기를 점검하고 미해결 문제에 대해 숙고하도록 하여 변화와 문제의 해결책을 위한 실마리를 제공한다. 때에 따라 무의식 속에 깊숙이 들어 있던 외상을 안전한 거리에서 표현하도록 함으로써 현실에 지속적으로 부정적인 영향을 끼쳤던 상처를 치료할 계기도 마련한다. 이러한 연극적 기능을 본격적이고 구체적으로 치료에 활용하는 것이 바로 연극치료다. 그런데 연산군이 공길과의 만남 이후에 광대놀이, 탈놀이, 그림자극 등을 통해 감정의 정화된 모습을 보인다는 점에서 〈왕의 남자〉를 통해 연극이 지니는 치료적 기능, 나아가 연극치료의 효과를 탐색할 수 있다.

1) 외상 재현의 위험성

어린 시절에 대상과 애착 관계에 문제가 있었던 참여자는 심리치료에서 당시의 애착 관계를 다시 형성하기 위해 치료사나 다른 집단 구성원에게 강한 애착 욕구를 느낀다. 어려서 어머니의 죽음을 체험한 연산이 녹수나 공길에게 느끼는 애착도 이런 유형이다. 이는 매우 중요한 순간으로, 치료사가 어떻게 반응하느냐에 따라 치료사와 참여자 사이에 강한 애착 관계를 형성하기도 하고 관계의 균열을 경험하기도 한다. 만일 참여자가 치료사에게 실망감을 느낀다면 도움을 구하는 그의 목소리는 공황 상태에 빠져서 까다로운 요구로 변질될 것이다. 이런 종류의 참여자를 치료하기 위해서는 안정적인 회복 환경을 마련하여 참여자가 언제든지 자신의 욕구에 반응해 주는 사람을 찾을 수 있어야 한다(Dayton, 2012).

연산이 녹수나 공길에게 남다른 애정을 느낀 것은 그들로부터 어머니의 모습을 보았기 때문이다. 어린 시절에 잘못 형성된 대상 관계를 그들을 통해 보상받으려고 했던 것이다. 그러나 불행히도 녹수나 공길은 전문적인 치료사가 아니었고 참여자는 최고의 권력자였다. 연산은 자신의 욕구에 반응해 주는 사람을 찾았지만 준엄한 왕 앞에서 그들은 이에 적절하게 대응할 줄 몰랐다. 이들과의 놀이를 통해 연산은 감정을 발산하고 위로받는 선에 그치고 말았다. 만일 그가 녹수나 공길을 통해 깊이 있고 긍정적인 방향으로 감정을 해소할 수 있었다면 더할 나위 없었겠지만, 특히 공길과 연극놀이를 통한 과거 외상의 재현은 결론적으로 연산을 더욱 괴롭히고 위험한 상황에 빠트리고 말았다.

미해결된 어린 시절의 상처를 지닌 참여자의 완전한 회복을 위해서는 전문가의 오랜 기간의 세심한 치료를 요한다. 심리치료에서는 회복 과정에 있는 참여자라고 할지라도 약물에 의존하지 않고서는 자신의 강렬한 감정을 견딜 수 없는 상태라면 어린 시절의 상실과 외상을 다루는 작업이 오히려 위험할 수 있다고 경고한다. 경우에 따라 분노를 표현하지 않는 것이 참여자에게 더 도움이 되는 것이다.

그러나 영화에서 공길은 사전 지식이나 준비 없이 연산의 일방적인 요구로 연극 매체를 통해 어린 시절을 상기시킴으로써 왕은 건잡을 수 없는 감정의 소용돌이에 휩싸이게 되고, 무의식 속에 잠재해 있던 성인 아이가 튀어나옴으로써 군주의 위엄을 잃고 유아적 행동을 범하고 만다. 이를테면 비리 중신들을 소재로 한 광대들의 연희에서 연산은 분을 참지 못하고 대신에게 발길질하거나 즉석에서 파직시키고 손가락을 자르도록 명한 것은 분노를 억제하지 못한 결과다. 이를 역으로 보면 연극은 그만큼 참여자의 무의식 속에 잠재해 있는 외상을 표출시키는 힘이 크다는 것을 방증하는 것이다.

(1) 연극을 통한 감정의 표현과 해소

연산군은 조선의 역대 왕 중에서도 가장 예술적 기질이 강한 왕으로 정평이 나 있다. 『연산군일기』에 따르면, 그는 많은 시를 남겼을 뿐만 아니라 춤을 잘 춘 것으로도 유명하다. 연산은 특히 처용으로 분장하고 처용무를 잘 추었다고 전하며, 말을 타고 처용무를 추는 묘기를 부린 적도 있다고 한다. 영화에서 연산이 보여 준 것처럼, 그는 실제로 연기력이 매우 뛰어난 것으로 기록되어 있다. 녹수를 궁궐에 불러들인 것도 그녀의 미모가 아닌 예술적 재능이 더욱 큰 몫을 했다. 그가 광대들의 연극놀이에 열광한 것은 그의 기질이 한몫한 것으로 가정할 수 있다.

녹수와 공길은 연적 관계다. 그런데 공길에게는 있지만 녹수에게는 없는 것이 있다. 그것은 광대놀이다. 물론 녹수도 역할놀이를 통해 연산의 어머니가 된다. 그러나 그 놀이와 역할은 단조롭고 한계가 있다. 처음으로 광대들의 익살스러운 놀이를 접한 연산은 그 감동을 잊지 못하고 처소로 돌아와서 녹수와 함께 똑같은 장면을 연출한다. 하지만 그것으로는 성이 차지 않는다. 광대들의 연극놀이는 훨씬 다채롭고 풍부한 레퍼토리를 지니고 있다. 처소에 불려 간 공길은 연산에게 인형극, 그림자극 등 다양한 연극 매체를 보여 주자 연산은 깊은 감동을 받는다. 인형극이든, 그림자극이든 연극은 직접 표현할 수 없는 것을 거리 두기를 통해 간접적으로 표현하게 하고 그로부터 자기와 현실을 직시하도록 하는 힘이 있다.

연산은 부정적 감정의 해소 기능이 허약하다. 영화에서 짜증스럽고 불만에 가득 찬 왕은 표정도 없고 웃을 줄도 모른다. 큰 외상을 안고 있는 사람은 감정 표현이 어렵다. 이러한 연산에게 웃음을 찾아 준 것이 광대들이다. 연산은 결핍과 상실에 따른 외상으로 고통받고 있지만 이를 어떻게 처리하고 극복해야 할지 알지 못한다. 기분 전환을 위해 술과 여자를 가까이하지만, 일시적일 뿐이다. 감정 해소 기능이 약한 연산은 자신을 지배하거나 제어하려는 사람들을 병적으로 혐오한다. 연산이 혐오하는 대표적인 인물로 먼저 아버지 성종이 있다. 연산에게 아버지는 어머니를 지켜 주지 못하고 사약을 내려 죽게 한 존재다. 하지만 아버지는 거역할 수 없는 절대자였기에 어린 시절부터 그 앞에서는 감정을 억제할 수밖에 없었다. 세자 시절에 성종이 아끼던 사슴을 향해 활을 쏘았다고 전하는 야사에서는 아버지를 향한 분노 표출을 보여 준다. 영화에서 연산은 아버지에 대한 분노와 원망을 그림자극으로 표현한다.

또 다른 혐오자로 중신들이 있다. 중신들 가운데 상당수는 어머니의 죽음에 관여한 자들로, 어전회의에서 사사건건 트집을 잡아 연산의 발목을 잡는다. 그들은 연산의 깊은 상처를 알아주기는커녕 법도와 선왕의 이름을 앞세워 그를 옭아매고 제어하고자 한다. 연산은 중신들과 사사건건 대립하면서 분노의 감정을 표출하지만 강한 연대감으로 힘을 형성하고 있는 그들을 어찌할 수 없다. 왕의 마음을 읽은 내시 김처선은 광대들을 이용해서 중신들의 치졸한 모습을 적나라하게 드러낸다. 어머니를 내쫓는 데 결정적인 역할을 한 인물로 인수대비와 성종의 두 후궁이 있다. 어머니의 원수임을 뻔히 알지만, 궁궐의 역학 관계로 인해 복수할 수 없는 상황은 연산에게 무력감과 절망감을 안겨 준다. 운신의 폭이 제한된 상황에서 연산은 광대들의 연극적 재현 효과를 체험한 후, 연극을 통해 감정을 해소하고 복수할 기회를 찾는다.

(2) 연극의 진실 탐구

앞서 본 〈햄릿〉의 언급처럼, 연극이라는 거울은 시대상을 고스란히 비추기도 하지만, 또 한편으로는 진실을 드러내기도 한다. 연극의 진실 탐구는 〈햄릿〉에서 분명하게 나타난다. 햄릿은 자신의 아버지를 죽이고 현재 왕위에 올라 있는 숙부를 아버지의 살인범으로 의심한다. 더구나 유령의 출몰로 그 의심은 더욱 굳어진다. 다만 물증이 없다. 이제 햄릿은 연극을 통해 결정적인 증거를 찾으려고 한다. 3막 2장에서 햄릿은 광대들을 시켜 유령에게서 들은 살인 장면을 고스란히 재현하라고 지시한다. 그리고 관객으로 초대된 현왕의 표정을 살피려는 것이다. 그는 친구인 호레이쇼에게 왕 앞에서 연극을 할 예정이며, 무대에서 아버지가 죽는 장면을 연출할 계획임을 알려 준다. 그는 이렇게 말한다.

> "그 장면이 나오거든 무대 발치에서 숙부의 거동을 아주 꼼꼼하게 살펴봐 주게. 만약 숙부의 숨은 죄악이 어느 대사에서도 드러나지 않는다면 일전에 본 그 유령은 필시 악귀임이 분명할 것이고……."

이제 연극 속 연극이 시작된다. 〈쥐덫〉이라는 제목의 극중극은 왕과 왕비는 서로 사랑을 확인하는 것으로 시작한다. 왕비는 설사 왕이 죽더라도 절대로 재혼하지 않을 것을 맹세한다. 이어 한 사내가 나타나 왕이 잠든 틈을 타서 그의 귀에 독을 부어 왕을 독살한다. 이 순간 연극을 주의 깊게 관람하던 현왕이 자리를 박차고 일어서고, 깜짝 놀란 플로니어스는 연극을 중지하라고 외친다. 왕은 불을 비추라고 소리친다.

오필리어: 전하께서 자리에서 일어나시네요.

햄릿: 어, 헛방에 넘어갔나?

플로니어스: 연극을 중지하라!

왕: 불을 비춰라. 물러서라!

모두: 횃불, 횃불을 비춰라! (햄릿과 호레이쇼만 남고 모두 퇴장)

-<햄릿>, 여석기, 여건종 공역, 2012, 시공사. 3막 2장-

당황한 왕은 어둠 속에 있기를 거부하고 불을 밝히라고 명령한다. 횃불의 밝음이 현재 왕좌를 차지하고 있는 왕의 의식이라면, 어둠은 유령과 햄릿, 즉 과거의 왕좌를 추구하는 인물과 연결된다. 또한 불의 밝힘은 어둠의 죄의식에서 벗어나려는 행위이기도 하다. 햄릿이 연출한 극중극은 숙부의 죄악을 수면 위로 떠오르게 하였다. 이렇듯 연극을 통해 진실을 드러냈다는 사실은 연극치료 혹은 예술치료가 갖는 힘을 보여 준다. 햄릿과 호레이쇼는 자신들이 확인한 의견을 교환하면서 현왕이 선왕의 살인자라는 것이 의심의 여지가 없다고 판단한다. 햄릿은 이렇게 말한다. "연극이야말로 왕의 본심을 들춰내는 유일한 방법이다" (Shakespeare, 2012: 2막 2장).

〈왕의 남자〉에서도 연극은 진실을 밝히는 수단이다. 사실주의연극 개념에서 볼 때 햄릿의 숙부나 연산군의 관극 태도는 일반적이지 않다. 그들은 연극의 규칙을 깨 버림으로써 연극을 중단시키는 비정상적인 관객이다. 또한 일반 연극에서 관객이 객석을 벗어나서 무대로 침입하는 것은 금기 사항이다. 전통 연희의 광대놀이에서 관객은 언제든 개입할 수 있지만, 관객의 개입이 연극의 일부분이 되어야지 흐름을 방해해서는 안 된다. 관객이던 연산이 갑자기 무대로 쑥 들어온 것은 두 방향에서 연극의 치료 기능이라는 의미로 수렴된다. 한 방향은 기왕의 연극을 중지시키고 새로운 연극의 장을 연다는 의미가 있다. 왕의 참여로 즉흥성이 가미되어 예기치 않은 방향으로 흘러가는 새로운 연극은 참여자의 치료 기능이 강조된다. 또 다른 방향은 관객에서 연기자로 변신의 의미가 있다. 연기자로 참여한 연산은 왕이라는 현실의 역할을 벗어 버리고 기꺼이 머리를 낮추고 자신을 표현함으로써 정화의 기회를 갖는다.

영화에서 연산의 무대 개입이 극적으로 표현되고 있다. 왕의 광대가 되어 희락원에서 거주하게 된 장생과 공길 일행은 김처선의 주문으로 중신들의 비리를 소재로 한 연극판을 벌인다. 김처선은 장생에게 비리 중신의 전말을 알려 주어 이를 전면에 폭로하도록 한다. 예의와 법도를 중시하는 중신들이 뇌물을 받는 장면이나 성 상납을 받는 장면에서 취기가 돈 연산은 흐뭇하고 당사자들은 불편하다. 중신들의 청탁과 비리 행위가 연극으로 우스꽝스럽게 표현된다. 성 상납이 무르익을 무렵에 홍에 겨운 왕이 자리에서 일어나 연극판 안으로 들어온다. 관객에서 연기자로의 참여는 현실과 비현실을 통합한 상태를 의미한다. 연극놀이가 진행되는 마당으로 내려온 왕은 머리를 조아리더니 왕관을 벗어 "받아 주십시오!" 하고 말한다. 그 역시 광대가 된다. 왕이 연극판에 개입하는 순간에 중신을 비롯한 구경꾼 모두 광대가 된다. 전체 광대들이 함께 어울려서 춤판을 벌이다가 연산은 신하들에게 술을 따른다. 왕, 신하, 광대 모두가 연극판에 들어서자 연극과 현실은 구분이 없어진다. 연극은 더 이상 허구가 아니라 진실을 밝히는 도구가 된다. 중신 가운데 연극의 당사자인 형조판서 윤지상은 사색이 되어 임금이 하사한 술잔을 떨어트리고 만다. 연산은 그를 발로 짓이기며 어명을 하달한다.

"(연산은 형조판서 윤지상을 정신없이 발로 차 뭉갠다) 여봐라, 형조판서 윤지상을 파직시키고 전 재산을 몰수하여 국고에 편입하라. (연산이 가려다가 몸을 돌려 선다) 그리고 죄 많은 윤지상의 손가락을 잘라 모든 조정 대신이 본보기로 돌려 보라."

연산이 서슴없이 마당(무대)으로 들어선 것은 순전히 우연이다. 반복해서 말하지만 관객이란 무대에서 행해지는 일에 자발적으로 의심하기를 저버린 사람이다. 관객이 무대에서 벌어지는 일련의 사건들에 대해 의심하거나 개입하면 연극은 성립될 수 없다. 그러나 연산은 즉흥적으로 관객에서 자발적 연기자가 됨으로써 연극판을 공간 전체로 확대한다. 연산은 연극을 통해 윤지상을 지목하고 그에게 벌을 가함으로써 그간 중신들에게 받았던 억눌린 감정을 해소한다. 그는 물증 없이도 모든 것을 명백하게 밝힌 연극의 힘을 똑똑히 체험한다. 광대들의 연극놀이는 연산에게 한풀이의 묘약이지만, 중신들에게는 원수가 된다.

또 하나는 경극을 통한 어머니 폐비 윤씨 사건의 재현이다. 광대들은 주어진 각본에 따라 경극을 시작한다. 황후로 분장한 공길은 후궁들의 모함으로 인해 황제로부터 사약을 받는다.

"황제의 사랑이 크고 크지만 그 사랑을 원하는 이 또한 많구나. 황제가 내게 친히 보약을 내리시니 내 어찌 받지 않으리오. 아들아! 다행히 목숨을 보전하거든…… 나를 황제가 거동하는 길 옆에 묻어 황제의 행차를 보게 해 다오, 아들아!"

연산은 가슴에 묻어 두었던 외상이 눈앞에서 생생하게 재현되자 이에 자극되어 제어할 수 없는 정신 분열 상태에 빠지고 만다. 왕은 '어머니'를 외치며 극 안으로 뛰어들어 죽어 가는 어머니(공길)를 안고 오열한다. 이번에도 그의 극중 침입으로 허구와 현실의 구분이 사라진다. 왕은 자리를 뜨려는 두 귀인을 무대 안으로 밀치고 의금부 도사의 칼을 빼어 들어 복수의 처단을 한다. 그의 처단은 경극이 벌어지는 무대 판에서 이루어진 까닭에 현실적 연극 혹은 연극적 현실에서 일어난 일이 된다. 연산은 이를 말리는 인수대비마저 밀쳐내어 죽음에 이르게 한다. 이 경극이 연산의 지시에 의한 것인지는 불분명하다. 왕의 지시냐는 장생의 물음에 김처선은 긍정도 부정도 하지 않는다. 그러나 복수심에 가득 찬 연산이 기회를 노리고 있었던 것이 분명하므로 직접적인 지시는 아니더라도 김처선이 연산의 속마음을 읽은 것이라면 왕의 지시라고 해도 크게 틀린 말은 아니다.

(3) 인형극과 그림자극의 투사적 기능

가면, 인형극, 그림자극 등은 연극치료에서 투사를 위해 자주 활용된다.

투사기법이란 사람의 여러 양상을 인형, 장난감, 꼭두인형, 가면과 같은 대상에 투사하는 연극치료 접근법을 통칭한다(Landy, 2002).

연극치료는 투사 과정에서 발생하는 창조적인 양상을 바탕으로 치료에 이르도록 한다. 연극치료에서 투사는 감정 상태와 외부의 극적 형식 사이에 필수적이고도 특별한 관계를 만들어 낸다는 점에서 의의가 있다. 연극의 가치 중 하나는 관객이 무대에 자신을 투사하여 자신을 깨닫도록 한다는 점이다. 물론 문학과 기타 예술도 투사의 기능이 있지만, 현전의 존재가 직접 말하고 울고 웃으면서 관객의 지각을 생생하게 자극하고 조율하는 연극적 투사는 더욱 강렬하다. 투사를 위해 연극치료는 다양한 오브제를 활용하는데, 랜디가 제시한 것처럼 인형이나 장난감 또는 가면이나 그림자극이 포함된다. 연극치료는 이러한 투사 매체를 통해 참여자에게 안전한 느낌 속에서 무의식이나 본심을 드러낼 판을 마련한다. 예컨대, 가면은 얼굴을 감추는 것이 아니라 숨겨진 자기의 진짜 모습을 발견하게 한다는 특징이 있다. 영화 〈왕의 남자〉에서의 인형극이나 그림자극도 마찬가지다. 인간을 은유하는 인형이나 그림자로 창작된 연극은 투사 기능을 확장하여 참여자의 속마음을 뚜렷하고 가식 없이 드러내도록 한다.

〈왕의 남자〉에서 연산은 중신들을 소재로 연극놀이 판을 벌였던 감흥을 잊지 못하고 공길을 처소로 부른다. 그는 윤지상 때문에 깨진 판을 아쉬워하며 공길에게 함께 놀 것을 제안한다. 이때 공길은 소매에서 두 개의 손가락 인형을 꺼낸다. 말뚝이탈 인형과 각시탈 인형이다. 남사당패에서 장생과 짝으로 놀이 판을 벌일 때 말뚝이탈은 장생이고, 각시탈은 공길이었다. 왕의 처소에서 공길은 말뚝이탈 인형과 각시탈 인형으로 남녀의 애정 장면을 연출한다. 일개 광대로서 공길은 절대권력자의 처소로 불려갈 때 현명하게도 인형을 준비했다. 왕과 직접 몸으로 역할놀이를 하는 것은 위험부담이 크지만, 투사적 인형놀이는 안전을 보장한다. 동성애의 코드가 담겨 있는 인형놀이는 다음의 의미를 함축한다. 하나는 연산이 말뚝이탈 인형의 역할을 맡은 것은 각시탈의 대상이 장생에게서 연산으로 넘어간 의미가 있다.

또 하나는 처음으로 참여한 손가락 인형놀이에 연산이 그토록 진지하게 참여하는 것은 극에 몰두해 있다는 것을 뜻한다. 그는 정말로 말뚝이가 되어 각시를 사랑하고 사랑을 전한다. 이러한 행위는 애정 결핍의 참여자에게 매우 중요한 순간이다. 말뚝이탈을 조종하는 연산은 이 순간만큼은 중신들과 있었던 격앙된 상태에서 벗어나 차분한 모습을 보여 준다. 극에 몰입한 그는 어느덧 복잡다단한 정치판을 완전히 잊어버리고, 오로지 말뚝이로서 각시를 사랑하는 사람이 된다. 이러한 사랑, 공감과 포용의 감정은 결핍에 따른 왜곡된 정서를 완화하고 치료한다.

공길은 이번에는 그림자극을 보여 준다. 나비가 꽃을 향해 가

말뚝이탈이 각시탈의 얼굴을 쓰다듬자 각시탈이 말뚝이탈의 품에 안긴다. 호기심에 가득 찬 연산이 참지 못하고 놀이에 개입하여 자신이 말뚝이탈 인형을 집어 든다. 연산의 말뚝이탈이 각시탈을 쓰다듬는다. 그의 연행은 조심스럽고 수줍음으로 가득하다. 말뚝이탈이 된 연산은 인형을 통해 왜곡되지 않은 사랑의 감정을 느끼고 표현한다.

말뚝이탈과 각시탈의 사람놀이(〈왕의 남자〉의 한 장면)

는 그림자극을 보면서 연산은 모든 시름이 사라진 어린아이 같은 천진난만한 표정을 짓는다. 나비가 연산의 심정을 상징한다면, 꽃은 어머니거나 공길 혹은 또 다른 사랑하는 대상일 것이다. 왕은 연극놀이를 통해 위안을 얻고, 웃음과 슬픔 같은 감정 표현이 가능하게 된다. 또 다른 현실인 연극은 그에게 막혀 있던 감정을 밖으로 표현하는 수단이자 치료제였다. 이 간단한 그림자극은 차후 연산이 직접 진행할 그림자극의 서곡이다. 그 사건은 다음과 같이 진행된다.

어전회의에서 분노의 광기가 극에 다다르자 연산은 희락원으로 달려가서 찢어져라 북을 쳐 댄다. 북을 쳐 댐으로써 분노가 어느 정도 가라앉자 공길을 찾는다. 그는 공길을 끌고 가서 용상에 앉힌 다음에 그림자극을 펼쳐 보인다. 왕의 자리에 앉게 된 공길은 유일한 관객이 된다. 용상을 다른 사람에게 양보한 연산은 이 순간은 왕이 아닌 아버지를 원망하는 아들일 뿐이다. 광대가 된 연산이 연출하는 그림자극은 어머니에 대한 그리움과 아버지에 대한 원망으로 가득하다.

"(어린 목소리로) 아바마마, 어머니가 그립습니다. / (무섭고 엄한 목소리로) 어미는 생각하지도, 입 밖에 내지도 말라 하지 않았느냐! / (가여운 목소리로) 아바마마, 한 번만이라도 어머니를…… / (엄한 목소리로) 못난 놈! 니가 그러고도 성군이 될 수 있겠느냐? / 아바마마! 아바마마!"

연산의 그림자극(〈왕의 남자〉의 한 장면)

연산은 일인이역으로 아버지와 자신을 번갈아 연기한다. 그는 그림자극의 소품을 준비하면서 참으로 많은 생각을 했을 것이며, 어떤 대사를 할지 미리 정했을 것이다. 엄한 목소리의 아버지를 두려워하는 어리고 가여운 목소리의 어린 자신은 현재 연산의 가슴속에 묻어 있는 성인 아이의 모습이다. 이 그림자극이 중요한 것은 연산이 아버지에 대한 콤플렉스, 어머니에 대한 그리움을 입과 형상으로 표현했다는 점이다. 틈만 나면 선왕을 언급하며 연산을 괴롭히는 대신들과의 힘겨루기에서 한시도 눈을 팔 수 없는 연산은 과연 누구에게 마음속 깊이 잠재한 상처를 표현할 수 있었겠는가. 그렇게도 어려웠던 외상 표현은 그림자극이었기에 가능했다. 최고의 권력자가 어미에 대한 그리움과 한을 그림자극을 통해서야 겨우 표현했다는 것은 슬픈 현실이자 권력의 아이러니다. 광풍의 바다가 잔잔해진 것처럼, 그림자극 이후 연산은 영화에서 가장 진지하고 슬픈 표정으로 잠이 든다. 이 순간만큼은 치료된 왕의 모습이다.

그림자극이 끝난 뒤에 연산은 공길이 따라 주는 술을 마시며 눈물을 흘린다. 고독한 권력자의 모습이 화면을 가득 채운다. 잠자는 연산은 눈물을 흘리고, 공길은 눈물을 닦아 준다.

연산의 눈물을 닦아 주는 공길(〈왕의 남자〉의 한 장면)

궁 안의 광대 하면 영화 속의 광대들 이외에도 〈햄릿〉을 떠올릴 수 있다. 앞서 언급한 것처럼, 햄릿 왕자는 연극을 통해 현왕인 숙부가 아버지의 살해범이라는 확신을 하게 된다. 왕자에게 연극은 진실의 거울이었다. 〈왕의 남자〉에서도 광대들이 궁에서 펼치는 연극은 진실을 밝히는 거울이 된다. 구체적으로 살펴보면 연극은 연산의 슬픔과 고통의 근원이 무엇인가를 명확하게 밝혀 준다. 분노, 고통의 근원을 알 수 없었던 연산은 마당에서 펼쳐진 연극놀이, 처소에서 공연된 인형극과 그림자극을 통해 그 근원을 분명하게 알아차린다. 그림자극 이후 연산이 흘린 눈물은 이의 알아차림의 결과다. 또한 연극은 중신들의 비리와 폐비 윤씨의 죽음을 둘러싼 진실을 밝힌다. 광대패가 우스꽝스럽게 펼치는 소극의 웃음 속에는 중신들에 대한 풍자가 매섭다. 웃음과 풍자로부터 중신들의 간사한 이중적 형태가 적나라하게 드러난다. 하지만 사약을 받는 황후의 경극 장면은 연극의 힘이 커다란 만큼 위험하다는 것도 분명하게 보여 준다. 극적 장면에서 연산은 현실과 비현실을 혼돈한 상태가 되어 실제로 아버지의 후궁을 살해하고 만다. 연극치료 작업에서 참여자가 역할을 분명하게 입고 벗게 되었을 때 비로소 직면을 실천해야 하는 이유다.

내시 김처선이 광대들을 궁에 불러들인 이유는 무엇일까? 여러 이유가 있겠지만 김처선은 광대를 통해 연산이 세상을 바로 보기를 바랐던 것이 분명하다. 연극적 허구의 세계는 은유와 상징으로 세상을 똑바로 보도록 한다. 이를 알아본 김처선은 광대를 통해 왕의 외상이 치료되고 녹수의 품에서 벗어나기를 기대했다. 그러나 연산은 녹수의 품에서는 벗어나는 것처럼 보였으나 대신 공길의 품에 이끌린다. 〈왕의 남자〉는 한마디로 연극을 위한 영화, 즉 광대 영화다. 왕보다도 더 세상을 비웃고 제 마음대로 할 수 있는 것이 광대이기 때문이다. 영화의 마지막에 장생과 공길은 다시 태어나도 광대로 태어날 것이라고 말한다. 권력이 있으나 말도 제대로 못하는 왕보다 아무런 권력도 없지만 하고 싶은 말을 마음껏 할 수 있는 광대가 훨씬 행복하다는 것이다. 광대가 되어 말과 행동을 마음대로 한다는 것, 그것은 건강하다는 의미이며 그만큼 연극은 무엇이든 표현할 수 있는 치료의 힘이 크다는 의미이기도 하다.

에필로그

상처 입은 아이들의 연극 무대

벌써 오래전 이야기다. 지금은 없어졌지만 경기도 안산에 안산종합예술학교가 있었다. 이 학교는 교육부가 아닌 법무부 소속으로 과거에 안산의료소년원으로 불렸던 곳이다. 그러다가 2003년 국내에서는 최초로 미성년 재소자 전문 예능교육기관으로 탈바꿈하였다. 연극영화과, 실용음악과, 창작미술과, 영상사진과 4개 과를 둔 이 학교는 인근의 예술 대학과 연계하여 깊이 있는 연극, 음악, 영화, 미술, 사진 교육을 통해 비행 청소년을 교육 및 순화시키고자 하는 목적을 지니고 있다.

이곳을 방문하게 된 것은 우연이었다. 당시 나는 전국 단위의 연극경연대회 심사를 하게 되었고 마침 이 학교가 연극제에 참여하겠다고 신청서를 제출했다. 방문 심사를 위해 이곳을 찾으면서 일단은 부정적인 생각이 들었다. 사회에 적응하지 못한 학생들이 과연 전국 규모의 연극경연대회에 참여하는 것이 가능할까? 한 편의 연극을 만들기 위해서는 사회성과 상호 관계 맺음이 필수적인데 사회 부적응자인 이들이 해낼 수 있을까? 이들의 공연 수준이 낮을 경우 연극제의 질을 떨어트릴 수 있고, 만약 사고라도 일으킨다면 연극제에 좋지 못한 영향을 끼칠 것이라는 생각도 들었다. 그러나 한편으로는 비록 과거에 문제가 있었던 청소년들이더라도 연극에 열의를 갖고 연극제에 참여하겠다는 의사를 표시했다는 것은 어떤 긍정적인 요소가 작용할 수 있지 않을까 하는 기대감을 갖게 했다. 학생들이 연극제를 통해 용기와 희망을 얻을 수 있다면 더할 나위 없을 것이다. 서류를 검토한 결과, 그들은 매우 충실한 태도로 연극제에 임했고 자신감도 넘쳐 있었다.

7월 말 찌는 더위에 땀을 흘리며 안산종합예술학교에 도착했다. 연극 담당 교사를 비롯한 몇몇 관계자는 우리를 반갑게 맞아주면서 매우 재미있는 이야기를 해 주었다. 연극에 참여한 학생들을 보면 믿기지 않는 사실이 있다는 것이었다. 한 관계자가 학생들이 무대에서 연극을 연습하는 광경을 지켜보았는데, 그들의 생기발랄한 모습에서 서류에 적힌 과거의 행적을 찾을 수 없었다는 것이다. 무대에서 진지하게 연기를 하는 그들의 모습에서 다른 청소년들과 마찬가지로 아름답고 순수한 얼굴을 보았다는 것이다. 그러면서 그는 이렇게 말했다. “서류를 보면 믿을 수 없을 정도입니다. 주요 인물을 맡은 한 학생은 자살 시도를 세 번이나 했어요. 손목에 굵은 상처가 지금도 선명하지요.” 우리는 매우 놀랐다. 세상을 바라보는 시선이 굉장히 부정적일 텐데 이들은 어떻게 연극에서 주요 인물을 맡을 수 있었을까? 연극교사가 말했다.

"처음에는 정말 힘들었어요. 말썽이란 말썽은 다 부리고 뭐 이렇게 어려운 것을 해야 하느냐 하며 도망도 많이 다녔죠. 그러다 한 번은 교내에서 겨우겨우 공연을 끝내고 커튼콜을 위해 무대에 섰는데 관객과 학생들이 막 손뼉을 쳐 주었어요. 전혀 예상하지 못한 상황에서 갑자기 박수를 받은 무대의 아이들이 너무 놀라는 거예요. 연극이 끝나면 커튼콜은 당연한 거잖아요. 사실 저도 그때 알았어요. 그 아이들은 남에게 단 한 번도 박수를 받아 본 적이 없는 아이들이었다는 사실을……. 아이들은 이 순간 태어나서 처음으로 이처럼 열렬한 박수를 받았던 것이죠. 그들이 새로운 세상에 눈을 뜨는 순간이었어요."

우리는 그의 말에 충분히 공감할 수 있었다. 남에게 진실로 인정을 받는다는 사실 하나만으로도 인생을 바꿀 수 있지 않은가! 말썽꾸러기로, 낙오자로 손가락질만 받아 오던 아이들이 우렁찬 박수를 받았다는 사실은 지축을 송두리째 흔드는 대변화였을 것이다. 연극교사는 그 이후로 아이들을 꾸짖을 필요가 없어졌다고 했다. 그들은 언제 그랬냐는 듯이 솔선수범하며 연극 연습에 진심으로 몰두했다.

안산예술종합학교 학생들은 연극제 본선에서 혼신의 연기를 펼쳤다. 그들의 연극은 'TV 동화 행복한 세상'의 〈춤추는 아이〉였다. 주인공은 후천성 청각장애를 가진 아이지만 춤에 대한 열정만큼은 누구보다도 강했다. 연극은 주인공 장애아가 춤을 추게 되는 과정을 통해 절망에 빠진 현대 가족의 모습을 비추었고, 아이의 꿈에서만 존재하던 가족이 실제로 현실화되는 즐거운 상상의 나래를 펼쳤다. 주인공이 어려운 환경 속에서도 용기를 잃지 않고 자신의 꿈을 이루기 위해 노력하는 모습은 관객에게 진한 감동을 선사하였다. 나는 객석의 구석에 앉아 처음 그들과 대면했던 모습과 그들의 어두운 과거를 생각하면서 무대에서 새롭게 변신한 그들의 모습을 남다른 감정으로 지켜보았다. 연극 속 이야기는 환상이 아니라 그들 자신의 이야기였다. 과연 저 학생들이 연극이라는 예술을 접하지 않았다면 지금 어떤 모습을 하고 있을까? 연극 무대를 통해 누군가와 협력하고 사회성을 경험하면서, 자신의 모습을 타인의 시선에 당당하게 드러내는 자신감을 갖게 되지 않았을까? 그들의 노력은 헛되지 않아서 은상이라는 수상의 영예도 안았다. 수상의 기쁨을 만끽하는 그들을 바라보며 마음껏 축하를 해 주었다.

한 일간지에 "'보호소년'에서 뮤지컬 배우로 거듭난 안산예술종합학교생 5명, 가족들에게 새 모습 보여 주고파"라는 제목의 기사가 실렸다. 안산예술종합학교 학생들이 '서울예술단'의 뮤지컬 〈크리스마스 캐롤〉에 출연한다는 것이다. 신문에는 학생들의 이름과 사진이 실렸고 학생들은 "부모님께 저의 달라진 모습을 보여 주고 싶습니다. 그동안 저는 몸은 멀쩡하지만 마음은 장애인이었어요. 이제 나도 스크루지처럼 마음을 치유할 수 있을 거라고 믿습니다." 혹은 "이제부터 내 인생의 시작이다. 가족들이 꼭 공연장에 찾아와서 내가 변했다는 것을 직접 확인하고 기특하게 생각했으면 좋겠다."라고 말했다. 이들이 자신의 과거를 숨기지 않고 얼굴과 이름을 밝힌 것은 스스로 자존감이 회복되었음을 의미한다. 연극과 같은 공연예술이 스스로를 탐색하고 자신을 발견하는 데 매우 유익한 예술이라는 사실을 이들의 인터뷰에서 다시 한번 확인할 수 있다. 사실 공식적인 공연이 진행되는 무대 자체는 빙산의 일각에 불과하다. 그들의 피와 땀이 서려 있는 오랜 기간의 연습 시간은 보이지 않는 9/10에 해당하며, 그 와중에 그들은 다양한 감정의 굴곡을 겪었을 것이다. 항상 좋은 관계였다면 진정한 행복을 느끼기는 힘들다. 오히려 양지와 음지, 갈등과 화해의 변주 속에서 슬픔과 분노와 즐거움과 행복의 다양한 감정을 맛보는 가운데 존재 의미와 삶의 가치를 깨달았을 것이다. 연습에서 흔히 생겨나는 사회성의 문제를 극복하는 과정, 자신의 내부에 잠재해 있던 능력을 확인하는 즐거움 그리고 실제 공연에서 관객의 시선에 온전히 내맡긴 채 나 이외의 다른 사람이 되어 보는 연극적 체험은 한 인간으로 성숙해 가는 중요한 순간이다. 이런 체험을 바탕으로 과거의 나와 현재의 나 사이에 분명한 경계선을 그을 수 있고, 학생들이 스스럼없이 밝혔듯이 마음의 장애를 치료할 기회를 얻었던 것이다.

무대에서 무엇인가를 한다는 것은 일종의 창조행위다. 창조의 즐거움이 크게 와닿는 것은 그곳에 자신을 온전히 투사하기 때문이다. 창조의 결과물은 자기가 낳은 자식과 다름없다. 나무를 심거나 요리하는 것도 그렇지만, 연극 등 예술의 창조행위는 더더욱 그렇다. 이렇듯 자신을 투명하게 투사함으로써 깊은 성찰을 유도하는 연극의 창조행위는 곧 치료와 직결된다. 매번 새로운 텍스트를 접하여 인물을 몸으로 표현하고 자신을 되돌아보고

진하게 감동할 수 있다면 그것이야말로 연극의 치료성을 몸소 체험하는 것이 아니겠는가. 이것이 우리가 연극의 특성을 자세히 검토하고 연극치료와 연계시켜 그 치료성을 극대화하려고 하는 이유다.

참고문헌

강손근(2011). 근대 예술 개념의 성립에 관한 연구. 철학논총, 65, 3-30.

김미경(2017. 12. 11.). '삭발감행' 여배우 넷… 비구니 삶 유쾌하게 그린다. 이데일리. http://m.playdb.co.kr/Magazine/Detail?flag=PN&no=114685

김정규(2015). 게슈탈트 심리치료. 학지사.

김주연(2017). 포스트드라마 연극과 예브레이노프-연극성과 수행적 퍼포먼스를 중심으로-. 노어노문학, 29(1), 165-188.

김주현(2017. 6. 20.). [김주현의 psychodrama] 사이코드라마란 무엇인가?-part 1. 역사. 정신의학신문. https://www.psychiatricnews.net/news/articleView.html?idxno=4070

김진숙(2010). 샤머니즘과 예술치료. 학지사.

김진영(2014). 거울신경을 통해 살펴본 연극의 치유적 속성(1)-'모방'을 중심으로-. 우리 춤과 과학기술, 26, 147-160

김찬형(2005). 외상 후 스트레스 장애. 대한내과학회지, 69(3), 237-240.

김태경(2009). 플라톤의 『국가』에 나타난 미메시스(mimesis) 개념. 범한철학, 52, 61-88.

김효(2006). 카타르시스와 신명 비교 연구. **프랑스학연구**, 38, 49-65.
김희숙(2001). 연극성과 광대극: 삶의 창조를 위한 형식. **러시아 연구**, 11(2), 25-59.
남상식(2000). E. 고든 크레이그 연구-공간구성으로서의 무대연출에 대하여. **한국연극학**, 15(15), 111-147.
노영덕(2006). 하나와 여럿의 상호전환 작용으로서 아리스토텔레스의 예술이론. **미학예술학 연구**, 23, 217-246.
류미정(2016). 아리스토텔레스의 『시학』으로 본 연극치료 연구. 용인대학교 석사학위논문.
마광수(1997). **카타르시스란 무엇인가**. 철학과 현실사.
박동준 외(2006). **축제정책과 지역현황**. 연세대학교출판부.
박미리(2009). **발달장애와 연극치료**. 학지사.
박미리(2011). 『시학』과 연극치료. **연극예술치료연구**, 1, 1-27.
박미리(2013). **감정 모델 연극치료**. 학지사.
박선영(2002). 카타르시스론적 접근으로서의 무용. 한양대학교 대학원 석사논문.
박인선(2017). 파크사이드재활의학병원에서의 연극치료. **한국연극예술치료학회 학술대회**, 11(11). 22-29.
박준상(2011). 몸의 음악: 예술에서의 모방과 반-모방에 대한 물음. **자음과모음**, 16, 364-399.
박형섭(2014). 앙토냉 아르토, 자아의 배우. 프랑스문화예술학회 가을정기학술대회 자료집.
변광배(2014). 호모 코뮤니타스(Homo communitas): 바타이유와 사르트르. 프랑스문화예술학회 가을정기학술대회 자료집.

송원덕(1993). 영국 르네상스 시대 자의식 극의 형성 배경-Theatrum Mundi 개념의 변화를 중심으로. 한국드라마학회, 5, 52-69.

신연희, 이은남, 조영신, 정선애(2017). 관계에 대한 개념 분석. 근관절건강학회, 24(3), 187-195.

신현숙(2001). 서양연극 및 공연이론: 아르토의 잔혹극과 굿의 비교연구(1). 한국연극학, 16(16), 371-417.

신현숙(2001). 서양연극 및 공연이론: 아르토의 잔혹극과 굿의 비교연구(II). 한국연극학, 17, 187-223.

심재민(2010). 포스트드라마의 몸: 현상학적인 몸의 현존 방식에 대한 레만의 해석. 한국연극학, 42, 157-191.

안동현, 최지은(2004). 애착과 정신병리. 소아청소년정신의학, 15(1), 40-60.

안지영(2006). 예브레이노프의 연극론 읽기-'아름다운 폭군'의 딜레마. 러시아어문학 연구논집, 23, 69-95.

안지영(2007). 나는 아를레킨, 아를레킨으로 죽으리: 예브레이노프와 '삶의 연극'. 연극평론, 46, 68-77.

양세경, 오수성(2009). 성격유형, 정서표현, 정서표현갈등 간의 관계-정신분열증 환자들과 일반인들의 비교. 한국심리학회지, 28(1),15-33.

양혜진(2011). 사이코드라마의 자발성과 창조성의 시각에서 바라본 우리나라 교육. 한국사이코드라마학회지, 14(2), 67-89.

원준식(2011). 비아리스토텔레스적 연극미학(I): 감정이입에서 능동적인 소통으로. 한국미학예술학회, 33, 143-176.

윤영범(2015). 사진, 회화, 그래픽디자인의 이미지 구성과 데포르마시옹3. 커뮤니케이션북스.

이미원(2005). 연극과 인류학. 연극과 인간.

이부영(2011). 한국민담의 심층분석. 집문당.

이상섭(2002). 아리스토텔레스의 시학 연구. 문학과 지성사.

이선형(1999). 연금술적 연극. 한국연극학, 12, 305-328.

이선형(2012). 연극치료에서 '카타르시스' 개념 연구. 한어문교육, 27, 53-74.

이선형(2012). 연극치료에서 발달변형모델 연구. 연극예술치료연구, 3(3), 19-48.

이선형(2016). 영화 속 인간심리. 학지사.

이선형(2019). 연극과 연극치료의 협업 가능성 탐색. 연극예술치료연구, 11, 1-26.

이선형, 정미예(2010). 연극 · 영화로 떠나는 가족치료. 시그마프레스.

이성주(2019. 1. 3.). 행복한 삶을 위한 키케로의 경구 10개. 코메디닷컴. https://kormedi.com/1260238/%ED%96%89%EB%B3%B5%ED%95%9C-%EC%82%B6%EC%9D%84-%EC%9C%84%ED%95%9C-%ED%82%A4%EC%BC%80%EB%A1%9C%EC%9D%98-%EA%B2%BD%EA%B5%AC-10%EA%B0%9C

이영희(1994). 칼 로저스의 인간중심 상담이론의 철학적 함의. 한국심리학회지: 상담 및 심리치료, 6(1), 1-20.

이정우(2011). 세계철학사 1: 지중해세계의 철학. 길출판사.

이주동(2006). 아리스토텔레스의 카타르시스 개념에 대한 수용과 비판. 독일언어문학, 34, 221-231.

이진아(2010). 포스트드라마 연극에서 관객의 위치. 한국연극학, 42(42), 193-216.

임태훈(2013. 6. 7.). 31조원 날리고 파산한 폐허, 서울의 맨살! [프레시안 books] 앙리 르페브르의 〈리듬 분석〉. 프레시안. https://www.pressian.com/pages/articles/68992

전예완(2006). 니체의 『비극의 탄생』에 대한 재고찰. 한국미학회지, 47(47), 137-178.

정영정, 백광우(2009). 외상후 스트레스 장애와 치과치료. 대한치과마취과학회지, 9(1), 1-8.

정현진, 김대호, 오현영, 박용천(2013). 조현병 입원 환자의 망상과 환각: 1990년대와 2000년대의 비교. 생물정신의학, 20(3), 80-85.

조용신(2022. 11. 6.). 무대와 객석 경계 허무는 '이머시브 시어터' 뜬다. 시사저널. https://www.sisajournal.com/news/articleView.html?idxno=249701

진중권(2016). 테크노의 인문학의 구상. 창비.

차지원(2006). 모노드라마의 빛과 그림자: 표도르 솔로구프와 니콜라이 예브레이노프의 극장. 러시아 연구, 16(1), 141-178.

철학아카데미, 조광제(2006). 철학, 예술을 읽다. 동녘.

최소인(2002). 놀이와 문화-칸트의 놀이(Spiel) 개념이 지니는 현대적 의미에 대한 성찰. 해석학연구, 10, 203-230.

최영주(2008). 1990년대 영국의 "도발적 연극"에 나타난 서사 실험성. 한국연극학, 35(35), 249-306.

최재식(2009). 신체개념을 통한 메를로-퐁티 현상학과 후설 현상학 연구: 신체(몸)에 관한 현상학적 연구. 철학과 현상학 연구, 40(40), 1-33.

홍은숙(2006). 그리스 신화와 그리스 비극: 디오니소스와 바쿠스의 여신도들. 고전 르네상스 영문학, 15(2), 5-26.

Andersen-Warren, M., & Grainger, R. (2009). **연극치료 접근법의 실제** *(Practical Approaches to Dramatherapy: The Shield of Perseus)*. (이효원 역). 시그마프레스. (원저는 2000년에 출판)

Aristotle. (2002). **시학** (*Poetics*). (천병희 역). 문예출판사.

Aristotle. (2005). **시학** (*Poetics*). (이상섭 역). 문학과 지성사.

Artaud, A. (2009). *Oeuvres Complètes IV*. Gallimard.

Artaud, A. (2021). **연극과 그 이중** *(Le théâtre et son double)*. (이선형 역). 지만지드라마. (원저는 1938년에 출판)

Bakhtin, M. M. (2001). **프랑수아 라블레의 작품과 중세 및 르네상스의 민중문화**(*Rabelais and his wored*). (이덕형 역). 아카넷. (원저는 1982년에 출판).

Boal, A. (1985). **민중연극론** (*Theater of the Oppressed*). (민혜숙 역). 창작과비평사. (원저는 1974년에 출판)

Brecht, B. (1989). **서사극 이론** *(Der Historische Roman)*. (김기선 역). 한마당.

Breuer, J., & Freud, F. (2004). **히스테리 연구** (*Studien über Hysteri*e). (김미리혜 역). 열린책들. (원저는 1895년에 출판)

Brook, P. (2019). **빈 공간** (*The Empty Space*). (이민아 역). 걷는 책. (원저는 1968년에 출판)

Bruhn, J. G., & Wolf, S. (1979). *The Roseto Story*. University of Oklahoma Press.

Buber, M. (2020). **나와 너** (*Ich und du*). (김천배 역). 대한기독교서회.

(원저는 1923년에 출판)

Christopher, I. (1997). **아방가르드 연극의 흐름**(*Arant Gaide Theatre: 1892-1992*). (김미혜 역). 현대미학사.

Dayton, T. (2012). **사이코드라마 매뉴얼** (*The living stage*). (김세준 역). 시그마프레스. (원저는 2004년에 출판)

Goffman, E. (1959). *The Presentation of Self in Everyday Life*. Anchor.

Goffman, E. (1987). **자아표현과 인상관리** (*The Presentation of Self in everyday Life*). (김병서 역). 경문사. (원저는 1956년에 출판)

Greenberg, L. S., & Paivio, S. C. (2008). **심리치료에서 정서를 어떻게 다룰 것인가** (*Working with Emotions in Psychotherapy*). (이홍표 역). 학지사. (원저는 1997년에 출판)

Grotowski, J. (2002). *Towards a Poor Theatre*. Routledge A Theatre Arts Book New York.

Halprin, D. (2006). **동작중심 표현예술치료** *(The Expressive Body in Life, Art, and Therapy)*. (김용량, 이정명, 오은영 공역). 시그마프레스. (원저는 2002년에 출판)

Jaspers, K. (1963). **비극론** (*Berdas Tragische*). (신일철 역). 한신문화사.

Jennings, S. (2003). **수 제닝스의 연극치료 이야기** (*Introduction to Dramatherapy: Theatre and Healing*). (이효원 역). 울력. (원저는 1997년에 출판)

Jennings, S., Cattanach, A., Mitchell, S., Chesner, A., Ledrum, B., & Mitchell, S. (2010). **연극치료 핸드북** (*The handbook of dramatherapy*). (이효원 역). 울력. (원저는 1993년에 출판)

Johnson, D. R., Pendzik, S., Snow, S. (2013). 연극치료의 진단평가 (*Assessment in drama therapy*). (박미리, 김숙현 공역). 학지사. (원저는 2012년에 출판)

Jones, P. (2005). 드라마와 치료 (*Drama as Therapy: Theatre as Living*). (이효원 역). 울력. (원저는 1996년에 출판)

Kirby, E. T. A. (1976). 샤머니즘과 연극 (*Shamanism and Theater*). (김문환 역). 연극평론.

Landy, R. J. (2002). 억압받는 사람들을 위한 연극치료 (*Drama therapy: concepts, theories and practices*). (이효원 역). 울력. (원저는 1986년에 출판)

Le Boeuf, P. (2009). *Craig et la marionnette*. Actes Sud.

Lehmann, H. T. (2013). 포스트드라마 연극 (*Postdramatisches Theater*). (김기란 역). 현대미학사. (원저는 1999년에 출판)

Morana, C., & Oudin, E. (2013). 예술철학: 플라톤에서 들뢰즈까지 (*L'art De Platon à Deleuze*). (한의정 역). 미술문화. (원저는 2009년에 출판)

Nietzsche, F. W. (2005). 디오니소스적 세계관 (*Nachgelassene Schriften*). (이진우 역). 책세상.

Plato. (2016). 국가 (*Republic*). (최광열 편역). 아름다운 날.

Plato. (2016). 법률 (*Nomoi*). (천병희 역). 숲.

Propp, V. (2013). 민담 형태론 (*Морфология сказки*). (이건주 역). 지식을만드는지식. (원서는 1928년에 출판)

Richard, S. (1993). 민족연극학. (김익두 역). 신아출판사.

Rombach, H. (2001). 아폴론적 세계와 헤르메스적 세계–현실에 관한 사유

의 전환: 철학적 헤르메틱 (*Welt und Gegenwelt Umdenken uber Wirklichkeit: Die philosophische Hermetik*). (전동진 역). 서광사.

Shakespeare, W. (2012). 햄릿 *(Hamlet)*. (여석기, 여건종 공역). 시공사.

Stanislavski, C. (2000). 역에 대한 배우의 작업 (*Работа актера над ролью*). (양혁철 역). 신아출판사.

Stanislavski, C. (2001). 역할창조 *(Creating a Role)*. (신은수 역). 예니.

Taylor, P. (2009). 시민연극 *(Applied theatre)*. (김병주 역). 청동거울. (원저는 2003년에 출판)

Turner, V. (1996). 제의에서 연극으로 (*From ritual to theatre*). (이기우, 김익두 공역). 현대미학사.

van der Kolk, B. (2017). 몸은 기억한다 *(The Body Keeps the Score)*. (제효영 역). 을유문화사. (원저는 2015년에 출판)

Wicks-Nelson, R., & Allen, C. I. (2011). 아동 · 청소년 이상심리학. (정명숙, 정명희, 이승연 공역). 시그마프레스.

영국연극치료사협회. https://badth.org.uk

파크사이드 재활의학병원. http://www.parkside.co.kr

한국민족문화대백과사전. https://encykorea.aks.ac.kr/Article/E0036702

한국연극치료협회. https://www.kadt.or.kr

https://brunch.co.kr/@yhchoi90rw/822

https://cdn2.opendemocracy.net/media/images/NikiSethSmith6_oPnImY6.max-760x504.jpg

https://ctlshows.com/wp-content/uploads/2022/01/34fa6a_74724fb

3628a40b6959ad6a429b8fee4_mv2-768x467.webp
https://ece.emory.edu/_includes/ECE-drama-therapy-2-card.jpg
https://icima.hypotheses.org/1781
https://jayshams.medium.com/what-kind-of-zionist-was-martin-buber-a1bb7c4863c
https://ko.wikipedia.org/wiki/%EC%BD%A4%EB%A9%94%EB%94%94%EC%95%84_%EB%8D%B8%EB%9D%BC%EB%A5%B4%ED%85%8C
https://lesley.edu/news/treating-eating-disorders-with-drama-therapy
https://miro.medium.com/v2/resize:fit:512/1*psvDrXwoFMolXq8kaKVXcg.jpeg
https://pbs.twimg.com/media/Bkew8HECcAEmfJJ.jpg
https://pbs.twimg.com/media/CJ-pJv3UcAAL08Q.jpg
https://pesaagora.com/wp-content/uploads/2022/05/Triumph-of-Bacchus-Moeyaert-1624.jpeg
https://sulki-min.com/bom09/program_img/01_Rimini1.jpg
https://sustainrecovery.com/hubfs/Imported_Blog_Media/telling-your-story-through-drama-therapy.jpeg#keepProtocol
https://weekly.hankooki.com/news/photo/201003/3873311_37408_1102.jpg
https://www.atd-fourthworld.org/forum-theater-netherlands-looking-together-solutions-poverty
https://www.backstage.com/magazine/article/immersive-theatre-

explained-75850

https://www.bl.uk/20th-century-literature/articles/brecht-interruptions-and-epic-theatre

https://www.concordia.ca/academics/graduate/drama-therapy.html

https://www.geraldinepilgrim.com

https://www.huffingtonpost.kr/news/articleView.html?idxno=28724

https://www.londonplayback.com/what-is-playback

https://www.meer.com/en/70303-what-is-commedia-dellarte

https://www.thelantern.com/wp-content/uploads/2016/02/Campus_Shakespeare.jpg

https://www.themusical.co.kr/Magazine/Detail?num=2064

https://www.verywellmind.com/what-is-drama-therapy-2610360

찾아보기

인명

내용

저자 소개

이선형(Lee, Sun Hyung)

저자는 대학에서 연극과 인연을 맺어 연극을 공부하였다. 성균관대학교 불문과를 졸업하였고, 프랑스 스트라스부르대학교에서 부조리 극작가 장 타르디유(J. Tardieu)에 관한 논문 「J. Tardieu의 연극적 커뮤니케이션」으로 박사학위를 받았다. 귀국 후 연극평론가로 활동하였고 다수의 연출도 하였다. 대학에서 학생들에게 상담심리를 가르치면서 연극과 상담심리를 접목할 필요성을 느끼게 되었다. 그래서 만난 것이 연극치료다. 현재 연극치료 수련감독으로 활동하고 있다. 한때 한국연극예술치료학회장과 한국연극치료협회장을 역임했고, 김천대학교에서 학생들을 가르쳤다. 동화 3편을 출간하였고, 연극 및 영화 관련 저서와 논문들이 있으며, 연극치료 관련 다수의 논문이 있다.

알기 쉬운 연극치료 시리즈 2

연극치료, 연극의 뿌리를 찾아서

Dramatherapy, Finding its Theatrical Roots

2024년 4월 20일 1판 1쇄 인쇄
2024년 4월 30일 1판 1쇄 발행

지은이 • 이선형
펴낸이 • 김진환
펴낸곳 • (주)학지사
04031 서울특별시 마포구 양화로 15길 20 마인드월드빌딩
대표전화 • 02-330-5114 팩스 • 02-324-2345
등록번호 • 제313-2006-000265호

홈페이지 • http://www.hakjisa.co.kr
인스타그램 • https://www.instagram.com/hakjisabook

ISBN 978-89-997-3119-8 94180
978-89-997-3103-7 (set)

정가 17,000원

저자와의 협약으로 인지는 생략합니다.
파본은 구입처에서 교환해 드립니다.

이 책을 무단으로 전재하거나 복제할 경우 저작권법에 따라 처벌을 받게 됩니다.

출판미디어기업 학지사

간호보건의학출판 **학지사메디컬** www.hakjisamd.co.kr
심리검사연구소 **인싸이트** www.inpsyt.co.kr
학술논문서비스 **뉴논문** www.newnonmun.com
교육연수원 **카운피아** www.counpia.com
대학교재전자책플랫폼 **캠퍼스북** www.campusbook.co.kr